Schlagfertigkeit-, Spontaneität-, Stegreif-Knigge [2100]

Impulsiv handeln – Verbale Angriffe kontern – Störungen entwaffnen

Horst Hanisch

© Zweite Auflage: 2021 by Horst Hanisch, Bonn

© Erste Auflage: 2015 by Horst Hanisch, Bonn

Bibliografische Information der Deutschen Nationalbibliothek: Die Deutsche Nationalbibliothek verzeichnet diese Publikation in der Deutschen Nationalbibliografie; detaillierte biblio-grafische Daten sind im Internet über dnb.dnb.de abrufbar.

Idee und Entwurf: Horst Hanisch, Bonn

Lektorat: Alfred Hanisch †, Bonn: Annelie Möskes, Bornheim

Buchsatz: Guido Lokietek, Aachen; Horst Hanisch, Bonn

Umschlag: Christian Spatz, engine-productions, Köln; Horst Hanisch, Bonn

Fotos: Umschlag: Christian Spatz, engine-productions; Fotos, wenn nicht anders angegeben, und Zeichnungen: Horst Hanisch, Bonn

Herstellung und Verlag: BoD – Books on Demand, Norderstedt

ISBN: 978-3-7526-4029-8

Schlagfertigkeit-, Spontaneität-, Stegreif-Knigge [2100]

Impulsiv handeln –
Verbale Angriffe kontern –
Störungen entwaffnen

Horst Hanisch

Inhaltsverzeichnis

Hinführung

Risiko eingehen

> *Nichts geschieht ohne Risiko, aber ohne Risiko geschieht auch nichts.*
> **Walter Scheel, dt. Bundespräsident**
> *(1919 - 2016)*

An sich arbeiten

„Am liebsten würde ich alles hinschmeißen! Dieser tägliche, langweilige Trott geht mir auf die Nerven. Ich würde meinen Job aufgeben und auf die Fidschi Inseln umsiedeln. Das wäre toll!"

Nach einer Weile: „Na ja, ist ja nur ein Traum. Wie soll ich das machen? Ich brauche ja das Geld."

Fehlt hier die Spontaneität? Oder ist dieser Mensch nur gewissenhaft und sieht zu, dass sein Leben nicht aus den Fugen gerät?

Dann gehen wir ‚eine Etage' tiefer.

„Am liebsten würde ich meinem Chef mal die Meinung sagen! Diese tägliche Gängelei geht mir wirklich auf die Nerven. Da habe ich keine Lust mehr drauf." Nach einer Weile: „Na ja, ich muss ja sehen wie ich klarkomme. Ich brauche das Geld."

Fehlt hier vielleicht die Kraft zur Entscheidung? Oder ist es die Bequemlichkeit, etwas Neues zu wagen?

Liebe Leserin, lieber Leser, natürlich sollen Sie hier nicht zur Rebellion gegen Ihren Vorgesetzten oder Ihr Leben aufgerufen werden. Möglicherweise erkennen Sie in den beiden Beispielen trotzdem die eine oder andere Variante, die Ihnen manchmal auch durch den Kopf schießt.

Soll alles so bleiben, wie es immer ist? Speziell dann, wenn Sie etwas anderes erleben oder leben wollen?

Hat das etwas mit Spontaneität zu tun? In dem Augenblick, in dem Sie anfangen zu planen, liegt bestimmt keine Spontaneität mehr vor. Das spontane Handeln geschieht oft ohne jegliche bewusste Planung. Mit allen Risiken, die dabei entstehen.

Davon ausgehend, dass der Mensch nur ein Leben hat, stellt sich tatsächlich die Frage, ob es manchmal nicht doch besser ist spontan, also unvorbereitet eine Entscheidung zu treffen. Niemand wird im Vorfeld sagen können, ob diese Entscheidung für den Menschen gut oder schlecht ausfallen wird. Es muss einfach versucht werden. Dann kann der Mensch sehen, ob die getroffene Entscheidung richtig war.

Entzieht er sich der Entscheidung, wird er es nie wissen. So kommt es vor, dass der Betreffende im hohen Alter noch sagt: „Wäre ich damals nur auf die Fidschi Inseln ausgewandert." Oder: „Hätte ich meinem Chef nur damals alles vor die Füße geschmissen."

Das ‚wäre' und das ‚hätte' bringt den Menschen aber jetzt nicht mehr weiter. Es ist zu spät.

So geht an Sie liebe Leserin, lieber Leser der Appell zu überlegen, inwieweit Sie nicht manchmal doch spontan handeln sollten. Die Entscheidung und die dadurch entstandenen Risiken nimmt Ihnen sowieso niemand ab.

Der vorliegende Text beschäftigt sich mit folgenden drei Schwerpunkten: Spontaneität, Schlagfertigkeit und Stegreif.

Eingeleitet werden diese drei Schwerpunkte, denen jeweils ein Kapitel gewidmet ist, mit dem Thema Selbstbewusstsein. Auch wenn bei diesem Thema nicht in die Tiefe gegangen werden soll, wird es selbstbewussten Menschen bestimmt leichter fallen, in die hier wichtigen Bereichen Spontaneität, Schlagfertigkeit und letztendlich Stegreif erfolgreich einzusteigen beziehungsweise diese umzusetzen.

Viele Menschen verschenken aufgrund von Bequemlichkeit oder dem sehr starken Gefühl der Sicherheit viele ‚Spielvarianten' ihres Lebens. So, wie es einmal festgelegt ist, hat das Leben nun zu funktionieren. Ob einer dabei wirklich glücklich wird, steht auf einem ganz anderen Papier.

Es kann natürlich auch sein, dass einer ganz einfach zu schüchtern, zu gehemmt oder zu introvertiert ist, um die genannten Themenbereiche anzugehen und deutlich umzusetzen. Selbstverständlich ist das in Ordnung, denn jeder Mensch ist so wie er ist.

Es ist kein Ziel dieses Buches, den Menschen in seinem Ego zu ändern. Was aber möglich ist, ist das Sensibilisieren von und zu anderen Verhaltensmustern, um ein anderes, selbstbewussteres, optimiertes Auftreten zu erzielen.

Überschneidende Schwerpunkte

Im ersten Schritt werden die drei Begriffe Spontaneität, Schlagfertigkeit und Stegreif beschrieben und die Unterschiede gezeigt.

Bei der Recherche zu diesem Thema fiel immer wieder auf, dass es deutliche Überschneidungen zu diesen drei Bereichen gibt.

Einige Wissenschaftler, Trainer und Autoren werfen die Begriffe in ihren Ausführungen durcheinander. Tatsächlich ist es so, dass es sich um drei Schwerpunkte handelt, die sich fast zwangsläufig überschneiden müssen – schließlich handelt der Mensch in seiner Ganzheit.

Um in jedem der drei Bereiche einen Trainings-Erfolg sehen zu können, wird hier im Buch eine bewusste Differenzierung vorgenommen.

Nach Überlegungen und Beschreibungen zum Schwerpunkt werden praktische Übungen vorgeschlagen, um den jeweiligen Bereich zu trainieren.

Die meisten Übungen können Sie alleine umsetzen. Einige Übungen lassen sich besser zu zweit, zu dritt oder gar zu viert realisieren.

Eine Übung können Sie mit einer großen Gruppe, wenn Sie wollen mit mehr als 10 Teilnehmern spielen, in Präsenz-Form oder auch in der Online-Variante.

Einige Übungen erscheinen fast schon lächerlich einfach oder in gewissem Maße auch verrückt. Gerade dann, wenn es Ihnen etwas verrückt erscheint, wird Ihre kreative Hirnhälfte bemüht.

Denn es soll ja bewusst anders gedacht und vorgegangen werden als bisher beziehungsweise als üblich. Lassen Sie sich einfach auf die Übungen ein.

Andere Übungen hingegen scheinen deutlich eine Herausforderung darzustellen. So, dass Sie anfangs sagen könnten: „Oh, nein, das kriege ich ja nie hin!" Das macht gar nichts. Sie kriegen das schon hin. Wo ein Wille ist, ist bekanntlich auch ein Weg. Lassen Sie sich auf die Spiele ein.

Durch das Training sollte es Ihnen gelingen, Ihre Fähigkeiten in den genannten Bereichen auszubauen beziehungsweise zu vertiefen. Wie in vielen Fällen gilt auch hier: Lesen alleine bringt nicht den vollen Erfolg. Das Training bringt auf Dauer die gewünschte Änderung.

Die zweite Auflage zu diesem Buch entsteht, nachdem die Corona-Pandemie bereits über ein Dreivierteljahr wütet. Bekanntlich hat diese Pandemie das bisherige, geordnete Leben, bei den meisten Menschen total umgekrempelt oder aus der gewohnten Bahn geworfen.

Der eine ist der Verzweiflung nahe, der andere sieht die schlimme Situation als Chance, anders und neu zu denken und zu handeln.

Bevorzugen auch Sie die zweite Variante, da Sie auf die Zukunft hinarbeiten. Selbst dann, wenn Ihnen eine vorgeschlagene Übung aufgrund eingeschränkter Präsenz-Möglichkeit nicht optimal umsetzbar erscheint, kann sie gegebenenfalls mit kleiner Anpassung der Spielregeln trotzdem online gespielt werden.

Lassen Sie Ihrer Kreativität freien Lauf und scheuen Sie sich nicht, in dem einen oder anderen Fall spontan das Spiel anzupassen.

Vorab wurden einige Übungen auch in Online-Kursen getestet und praktiziert. Bei entsprechender technischer Basis-Ausstattung und engagiertem Einsatz der Mitspielenden, lassen sich nach wie vor sehr gute, lustige und wegweisende Ergebnisse erzielen.

Welchen der drei Bereiche Sie zuerst trainieren wollen, bleibt selbstverständlich Ihnen überlassen. Hier wurde die Reihenfolge der Übungen bewusst so gewählt, wie sie sich nach unseren Erfahrungen am besten trainieren lassen.

Liebe Leserin, lieber Leser, ich wünsche Ihnen viel Spaß und natürlich auch viel Erfolg bei den spontan umgesetzten, schlagfertigen Stegreifübungen.

Horst Hanisch

Teil 1 – Selbstbewusstes Auftreten

Überzeugt und selbstbewusst handeln

Sind Sie bereit, zuzuschlagen?

Schlagfertig ist jede Antwort, die so klug ist,
dass der Zuhörer wünscht, er hätte sie gegeben.
Elbert Green Hubbard, US-amerikanischer Essayist
(1856 - 1915)

Authentisches Auftreten

Was heißt authentisches Auftreten? Hier versteckt sich das Wort Authentizität. Das wiederum bedeutet, dass jemand so ist, wie er ist. Sich möglichst wenig hinter aufgesetzten Masken versteckt. Dass er bereit ist, Emotionen zu zeigen und wahrzunehmen, Fehler zu begehen und daraus zu lernen.

Schon die ‚alten' Griechen kannten das Wort ‚authentikòs' im Sinne von ‚echt'.

Selbstverständlich stehen dem die (auch alten) Römer in Nichts nach. Hier bedeutet ‚authenticus' ‚zuverlässig'. Wikipedia gibt als Übersetzung dazu ‚als Original befunden' an. Der Duden sagt ‚echt, den Tatsachen entsprechend'.

Bezeichnet sich ein Mensch als authentisch, ist er ‚ein Original', ein einmaliges Individuum, mit eigenem Profil. Das heißt: Er hat Ecken und Kanten, die sein Profil ausmachen. Er steht zu den Besonderheiten seiner Persönlichkeit.

Es ist befreiend, kann jemand tatsächlich authentisch auftreten.

Das Schlüpfen in erwartete Rollen hingegen kostet viel Energie, Zeit und Kraft. Diese Energie, die investierte Zeit und natürlich auch die Kraft kann in andere Dinge oder andere Projekte gesteckt werden.

Bevorzugt wird das selbstbewusste Auftreten. Steht ein Mensch zu seiner eigenen Persönlichkeit, akzeptiert er seine ‚Macken' und muss diese nicht verstecken, kann er so sein, wie er ist.

Demjenigen, der authentisch und selbstbewusst auftritt, öffnen sich viele Möglichkeiten im Leben. Überall öffnet sich eine Tür mit zusätzlicher Option. Der Betreffende hat weniger Befürchtung, dass sein Handeln oder seine Entscheidungen negativ bewertet werden oder dass er deswegen ausgelacht wird.

Bei einer negativen Bewertung sieht er eher eine konstruktive Rückmeldung und nutzt diese als Chance beim nächsten Projekt oder bei der nächsten Entscheidung, anders vorzugehen.

In hiesiger Kultur, speziell in der Berufswelt, werden selbstbewusste Menschen gerne gesehen. Sie gelten als erfolgreich und im gewissen Sinn als begehrenswert.

Authentizität ist nicht zu verwechseln mit Arroganz. Besser: ‚natürliches Selbstbewusstsein' oder ‚natürliche Autorität'.

Überlegen Sie, inwieweit Sie willig sind, in diesem Bereich an Ihrem Verhalten zu arbeiten, beziehungsweise Ihr authentisches Auftreten auszubauen.

„And the Winner is ..."

Neugierig drehen Sie Ihren Kopf in Richtung auf die aufgerufene Person. Applaus brandet auf, als die Person locker, stolz lächelnd aber nicht überheblich wirkend, zum Rednerpult geht.

Eine zügige Gangart, weit ausholende Schritte, aber nicht rennend. Locker schwingen die Arme an beiden Seiten mit.

Auf der Bühne angekommen, wendet sich die geehrte oder zu ehrende Person dem Publikum zu; der Applaus lässt nach und endet schließlich.

Eine scheinbar absolute Ruhe entsteht – die Zuhörer starren gespannt auf die im Rampenlicht stehende Person.

Diese lächelt freundlich und selbstbewusst in die Runde und beginnt mit einer leichten mit angenehmem Humor gewürzten Stegreifpräsentation.

Ohne zu stottern, mit kräftiger, freundlicher Stimme, in richtigem Sprechtempo. Leicht verständliche Sätze, gut strukturiert und spannend zuzuhören. Nach wenigen Minuten ist die Rede beendet, die Zuschauer applaudieren begeistert, fast frenetisch, ein Präsent wird vom stolzen Veranstalter mit ein paar netten Worten überreicht und die geehrte Person begibt sich zum Sitzplatz zurück.

Sie sind begeistert. Sie bewundern die Souveränität, die Kraft des gesprochenen Wortes, die Selbstsicherheit. So schnell werden Sie diesen Auftritt nicht vergessen.

Viele im Publikum werden ähnlich empfinden.

Sie werden über die Person bewundernd denken, vielleicht auch ein wenig neidisch. Sie werden sich Gedanken machen, dass Sie selbst auch gerne so authentisch auftreten würden. Ist das machbar? Ja, wir meinen, das geht. Dem einen fällt es etwas leichter, der andere benötigt schon etwas mehr Aufwand. Übung und Training an und mit sich selbst sind dazu die Bedingungen.

Selbstbewusstsein

Tja, ist es wirklich dem einen in die Wiege gelegt, mit solch einem überzeugenden Selbstbewusstsein aufzutreten? Dann hätten alle anderen Pech, die mit weniger Überzeugungskraft geboren wurden.

Na, machte es sich der Zurückhaltende da vielleicht nicht ein wenig zu einfach, eine Ausrede zu finden?

Dass ein heranwachsender Mensch von außen, von seinem sozialen Umfeld geprägt und gleichzeitig trainiert wird, darf als unwidersprochen gelten.

Lebt der Erdenbewohner ein paar Jahre auf dieser Welt, wird er, getrieben durch Neugierde und Wissbegierige, experimentieren, seine Grenzen austesten, Risiken eingehen und so weiter. So lernt er dazu und entwickelt sich (selbst). Immer wieder, ständig, ein Leben lang.

Reflektiert der Betreffende sein eigenes Handeln und hat er konkrete, realisierbare Ziele vor Augen, hat er die Möglichkeit und die fantastische Chance, sich in dem Sinne zu trainieren, den er für richtig empfindet.

Damit kann er nicht nur sein eigenes Selbstbewusstsein aus- und aufbauen, sondern auch die rhetorischen Bereiche trainieren, um die es in diesem Ratgeber geht: Spontaneität, Schlagfertigkeit, Stegreif.

Bevor hier einige Techniken und Übungen für das Training gezeigt werden, soll erst einmal überlegt werden, wofür die drei Begriffe stehen. Dann wird auch klarer, weshalb sich das Training lohnt.

Dabei wird auch erkennbar werden, dass sich die drei Bereiche einander berühren, genauer gesagt sogar überschneiden.

Das würde bedeuten, dass einer der drei Bereiche ohne die beiden anderen alleine nicht optimal existieren kann. Die folgende Darstellung soll das bildlich zeigen.

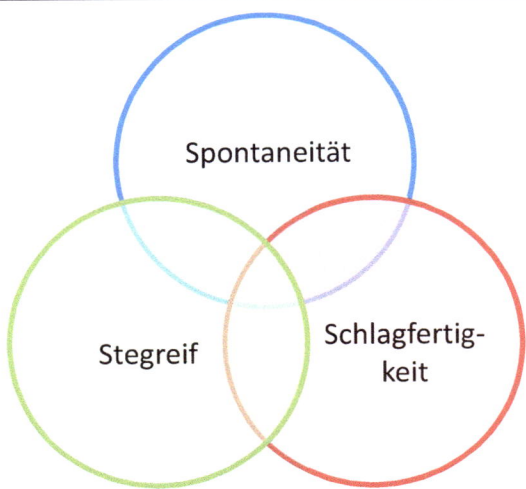

Der Bereich Spontaneität

„Sei doch mal spontan!" Allein die geäußerte Aufforderung scheint im Gegensatz zum Begriff Spontaneität zu stehen. Wäre jemand spontan, bekäme er diese Aufforderung von anderen nicht.

Genauso wenig lässt sich Spontaneität vorbereiten oder planen. Dann wäre es ja nicht mehr spontan.

Spontaneität versus Berechenbarkeit

So könnte das Gegenteil oder der Gegenbegriff zu Spontaneität das Wort Berechenbarkeit sein. Das letztgenannte Wort zeigt – wie das Wort aussagt – dass etwas berechnet wird. Es wird geplant, überlegt, Vor- und Nachteile werden abgewogen.

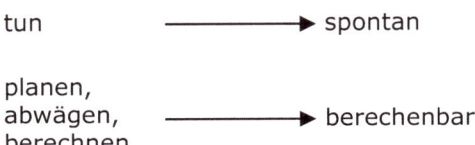

Die genannten Wörter gehören demnach zu Verhaltensmustern, die der Spontaneität gegenüberstehen. Spontaneität wird eher als intuitive, ‚aus dem Bauch heraus' getroffene Handlung gesehen.

Die spontane Vorgehensweise wirkt überraschend und löst bei Dritten manchmal ein Lachen aus, da das Verhalten unerwartet geschieht. Das birgt allerdings auch eine gewisse Gefahr. Wer ohne wohl überlegte Planung agiert, riskiert auch deutliche Fehler zu begehen. Möglicherweise brüskiert er andere oder baut eine peinliche Situation auf.

Manche meinen auch, dass ‚sich nicht entscheiden können' oder das Aufschieben (wichtiger) Entscheidungen als Spontaneität zu bezeichnen ist. Also sozusagen gegen eine Entscheidung entscheiden (er entscheidet sich dafür, sich nicht zu entscheiden).

Dem ist nicht so. Hier handelt es sich eventuell um Schwächen im Zeitmanagement, um Faulheit oder gegebenenfalls sogar um eine gewisse Respektlosigkeit anderen Personen gegenüber.

Das Wort Spontaneität kommt aus dem Lateinischen ‚spontaneus', in dem wiederum der Begriff ‚spons' steckt, was für Antrieb, Trieb, Reiz oder eigener Wille steht. Daraus wurde das französische Wort ‚spontanéité'. Deshalb wird es laut Duden auch Spontaneität, also mit ‚e' geschrieben, alternativ auch Spontanität.

Innerer Antrieb

Das spontane Handeln kommt also aus innerem Antrieb. Plötzliche Gedankenverbindungen lösen ein unwillkürliches, schnelles, intuitives Verhalten aus.

Offensichtlich ist derjenige spontaner, der geistig kreativ ist und die Bereitschaft zeigt, ‚verrückte' Ideen zuzulassen.

Visionäres Denken, unkonventionelle Überlegungen, Kreativität, Flexibilität und die Bereitschaft, konservative Denkblockaden zu überwinden, sind die Ausgangspunkte für Spontaneität.

Derjenige, der so vorgehen kann, ist in seinem Handeln schwer einschätzbar. Das kann in Verhandlungssituationen von deutlichem Vorteil sein. Derjenige, der geplant vorgeht, ist leichter berechenbar, da seine Vorgehensweise unter Umständen vorhersehbar ist. Beim flexibel und spontan Handelnden ist das kaum möglich.

Das allein ist schon Grund genug, die eigene Spontaneität zu trainieren.

Flexibilität

Es gibt noch andere Gründe. Das Leben bringt immer wieder neue und unerwartete Situationen.

Fast täglich zeigen Politik, Wirtschaft, Religion und viele andere Bereiche, dass es kein eindeutiges Richtig oder Falsch gibt. Gerade dann, wenn anzunehmen wäre, dass alles geregelt ist, knallt es an irgendeinem anderen Ende der Welt. Keiner hatte mit diesem Knall gerechnet. Niemand konnte ihn vorher hören und demnach konnte auch niemand planen, um diesen Knall zu verhindern.

Die jüngste Vergangenheit zeigt viele dieser (leider negativen) Beispiele. Die Gesellschaft und der einzelne Mensch werden mehr oder weniger gezwungen, unter Umständen schlagartig, auf neue Gegebenheiten zu reagieren.

Zwangsläufig braucht er hier eine gewisse Flexibilität. Je schneller er reagiert, desto spontaner ist er. Alles Neue birgt immer die Gefahr, dass sie dem Individuum einen Nachteil bringt. Deshalb stehen viele Menschen Neuigkeiten häufig auch eher distanziert gegenüber.

Das Bekannte gibt Sicherheit, Unbekanntes birgt Ungewissheit. Wer sich in Sicherheit wiegen kann, fühlt sich unbedroht und damit wohl. Bei Neuem fehlt diese Sicherheit, woraus folgt, dass sich der Mensch bedroht fühlt.

Das traurige Beispiel der jüngsten Vergangenheit dürfte danach die Corona-Pandemie zeigen. Ein Riesen-Knall, der anfangs von den meisten gar nicht als solcher erkannt oder eingeschätzt wurde.

Also eher eine lautlose, hinterlistige, alles infragestellende Gefahr, auf die so gut wie niemand vorbereitet war.

In kürzester Zeit musste viel Bewährtes ‚über den Haufen' geworfen werden. Vorgehensweisen, die eben noch als gesellschaftlich richtig und wichtig galten, verloren von jetzt auf gleich ihre Gültigkeit. Unter Umständen wäre das Beibehalten bestimmter Rituale sogar gefährlich, lebensgefährlich geworden.

Hektisch versuchten die Verantwortlichen, allen voran Politiker, Mediziner, Epidemiologen, Wissenschaftler, Verbandssprecher, Wirtschaftsbosse wie auch Inhaber kleiner, individuell betriebene Unternehmen und viele andere sich auf die neuen Herausforderungen einzustellen und entsprechende Regeln zu erlassen.

In verblüffend kurzer Zeit zeigten Kreative bis dato unbekannte Vertriebswege, Unterrichtsmöglichkeiten und Arten des gesellschaftlichen Zusammenlebens.

Wie viel Spontanität (verbunden mit Risiko) stand hinter mancher mutigen Neuorientierung? Hut ab vor denen, die es versuchten.

Fehlende Sicherheit

Die über Jahrzehnte aufgebaute Sicherheit bestand in vielen Konstellationen nicht mehr.

Wie erwähnt, gibt es aber keine absolute Sicherheit auf dieser Welt. Ständig gibt es anderes. Derjenige, der zu sehr die Sicherheit sucht, gerät hier in ein gewisses Dilemma. Denn er will sich der entstehenden Unsicherheit nicht unbedingt stellen.

Wer hingegen Neuigkeiten als Chance sieht, gewinnt noch mehr Freude am Leben und an den zahlreichen Facetten, die dieses bietet.

Die Akzeptanz, dass sich nicht alles bis ins Detail planen lässt, bereitet den Weg zur Spontaneität. Durch diese Neugierde, die Akzeptanz, aber auch gegebenenfalls die Gelassenheit wird es für den spontanen Menschen leichter, durchs Leben zu gehen. Er hat damit einen Vorteil.

Somit ergeben sich zwei deutliche Vorteile, weshalb es sich lohnt, die Spontaneität auszubauen.

Schließlich noch ein dritter Vorteil. Wer selbst Ruhe und Gelassenheit bei unerwarteten – auch existenzbedrohenden – Situationen zeigt, strahlt diese Ruhe auch auf andere aus. Damit kann panikartiges Gefühl vermieden werden und die Herausforderung ‚mit links‘ erledigt werden.

Ruhe und Gelassenheit

Mit Ruhe und Gelassenheit lassen sich viele Herausforderungen leichter lösen. Ältere Profis, die nicht gerade unter Altersstarrsinn leiden, genießen diese Eigenschaften. Sie sollten aber nicht warten, bis Sie alt sind, um diese Ruhe auszustrahlen.

Ob das WC-Papier quer oder längs gestreift ist, dürfte in den meisten Fällen egal sein. Es gibt bekanntlich Wichtigeres im Leben.

Der Bereich Schlagfertigkeit

Der Schlagfertige erhält durch seine pfiffige, witzige und unerwartete Antwort auf eine (meist kritische) Frage zustimmende Reaktion. Ein

Lächeln des Zuhörers verrät die Zustimmung auf die unerwartete Antwort.

Jemand will Sie durch eine angreifende Frage rhetorisch ins Abseits drängen. Sie sollen bloßgestellt werden. Anders ausgedrückt: Sie werden (verbal) angegriffen. Dieser verbale Angriff kann auch humorvoll ‚versteckt' sein. Er ist aber genauso gefährlich.

Manchmal könnte dieser Angriff als Frotzelei gesehen werden, an anderer Stelle allerdings auch als schwere, eventuell gezielt beabsichtigte Kränkung.

Wer deutlich aufmerksam ist und über genügend rhetorische Raffinesse verfügt, kann schlagfertig den verbalen Angriff, unschönen Zwischenruf oder auch eine kritische, entlarvende Frage entkräften.

Wohl gemerkt, ohne aggressiv zu wirken oder das Abbrechen der Kommunikation zu riskieren. Im Gegenteil. Die schlagfertige Reaktion sorgt für eine Entkrampfung der Situation und zeigt die Bereitschaft, die Kommunikation fortzuführen.

So stehen Sie als Schlagfertiger schnell als bewunderter Gewinner da. Sie nutzen sozusagen ein ‚überraschendes Moment'. Der Gesprächspartner wird kaum mit Ihrer Reaktion gerechnet haben. Sie selbst zeigen, dass Sie die Kommunikation fortführen wollen und zwar in Ihrem Sinn. Sie bestimmen jetzt „wo und wie es langgeht."

Ein Konflikt liegt in der Luft

Schwierig und riskant: Denn ein möglicher Konflikt liegt in der Luft. Die Schlagfertigkeit kann auch als Gratwanderung angesehen werden.

Denn durch Ihre schlagfertige Reaktion kann der latente Konflikt möglicherweise vertieft werden, obwohl er oberflächlich ‚gedeckelt' ist.

Merken Sie, dass Sie gegebenenfalls einen Schritt zu weit gegangen sind, können Sie noch einen versöhnlichen Satz anhängen. Nicht vergessen: Ehrliches Lächeln!

In Seminar-Übungen zu diesem Thema zeigt sich immer wieder, dass der Schlagfertige fast automatisch lächelt. Es kann gesagt werden, dass hier ein kleines triumphierendes Lächeln zu sehen ist. Weshalb? Nun, weil es dem Schlagfertigen gelungen ist, geschickt zu reagieren.

Vielleicht auch, weil er das Gefühl hat, den Fragenden ‚ausgetrickst' zu haben.

Umgekehrt wird Stottern, Stammeln oder der Einsatz lästiger Fülllaute die Antwort schwach erscheinen lassen und damit die versteckte Botschaft verpuffen. Eventuell, noch schlimmer, Ihre Gesprächs-Position wird schlechter als vorher sein.

Ist der verbale Angriff gar keiner?

Obwohl davon ausgegangen werden kann, dass Ihr Gesprächspartner Ihnen eine kleine Boshaftigkeit im verbalen Angriff an den Kopf werfen will, gibt es natürlich auch Möglichkeiten, die diesen Angriff überhaupt nicht beinhalten.

Denn nicht jeder gefühlte verbale Angriff ist tatsächlich ein solcher. Vielleicht empfinden Sie ihn nur als solchen.

Deshalb beachten Sie, dass Sie zwar schlagfertig reagieren sollen, aber nicht böse werden oder gar angreifen. Das kann sehr schnell passieren. Denn die gefühlte Betroffenheit erzeugt einen kleinen Stich in Ihnen.

Viele meinen, sich sofort wehren oder rechtfertigen zu müssen. Oder auch eine dumme Gegenfrage zu stellen. Handeln Sie so, befinden Sie sich in der sogenannten Rechtfertigung-Phase. Wer sich rechtfertigt, ist häufig auf dem Verlierer-Weg.

Ruhig und überzeugend bleiben

Die Kunst in der Schlagfertigkeit liegt offensichtlich darin, trotz des gefühlten Angriffes ruhig und überzeugend zu bleiben. Ihr Lächeln hilft dem Gegenüber, da ein Lächeln meist wohlwollend eingesetzt wird.

Im Fall der schlagfertigen Antwort ist von Wohlwollen allerdings keine Rede. Das körperlich gezeigte Lächeln stimmt nicht mit der verbal geäußerten Antwort überein.

In der Rhetorik wird das als inkongruente Botschaft gelten. Kongruent ist eine Botschaft dann, wenn das gesprochene Wort mit der gezeigten (nonverbalen) Körpersprache, zum Beispiel Mimik und Gestik übereinstimmt.

Durch das Lächeln kann Ihr Gesprächspartner nicht 100-prozentig sicher sein, ob Sie es nett meinen oder Ihr Gegenüber durch Ihre schlagfertige Antwort bloßstellen.

Der Vorteil liegt eindeutig bei Ihnen. Sollte ein Missverständnis vorliegen, wird Ihre Antwort nicht allzu negativ gewertet werden.

Gründe verbaler Angriffe

Weshalb Sie jemand verbal herausfordert beziehungsweise im thematischen Sinne verbal angreift, ist nicht immer eindeutig bekannt.

Vielleicht mag Sie Ihr Gegenüber einfach nicht. Oder Ihr Gegenüber will sich bei den anderen Anwesenden in ein besseres Licht stellen – was möglich scheint, wenn er Sie in ein schwächeres Licht stellt.

Denkbar ist auch, dass Sie einfach provoziert werden sollen, damit Sie (in irgendeiner Art) reagieren.

Andererseits, wie oben bereits angedeutet, geht Ihr Gegenüber vielleicht nur ungeschickt vor. Andere sagen, er ist taktlos.

Drittens kann es sein, dass Ihr Gegenüber verärgert über Ihr Verhalten ist. Möglicherweise will er Ihnen ‚eins auswischen'.

Vorsicht in diesem Bereich! Da Ihr Gegenüber ja tatsächlich gereizt oder verärgert oder gar gekränkt ist, kann es in dieser Situation schnell zu einem echten Konflikt kommen.

Also Achtung, dass Sie den anbahnenden Streit nicht weitertreiben. Ihr Ziel sollte es hier sein, die Unstimmigkeit möglichst aus dem Wege zu räumen.

Diplomatisch bleiben

Es ist gut erkennbar, wie schwierig es ist, schlagfertig zu sein, aber nicht destruktiv zu wirken.

Am besten halten Sie sich immer wieder vor Augen, dass Ihre schlagfertige Antwort die Möglichkeit bietet, die Kommunikation zielorientiert weiterzuführen. Sie wollen und sollen als authentische, selbstbewusste, allerdings nicht arrogante Person gesehen werden.

Für den Fall, dass Ihr Gegenüber Sie mit regelrechten Wutausbrüchen konfrontiert, können Sie eine ganz andere Taktik einsetzen. Nämlich: schweigen. Sagen Sie einfach nichts. Lassen Sie die Wut aus Ihrem Gesprächspartner rausplatzen.

Jegliche Rechtfertigung Ihrerseits würde verpuffen. Gemeint ist damit, dass Sie keinen Deut gewinnen könnten.

Hat Ihr Gegenüber lange genug getobt, wird er irgendwann schon ‚runterfahren'.

Hier liegt eine echte Konfliktsituation vor, in der eine andere Taktik eingesetzt werden sollte. Weiter später werden einige Taktiken aufgezeigt.

Passende Körpersprache

Die Antwort, die Sie geben, pariert den verbalen Angriff. Auch und gerade wenn in solchen Situationen die komplette Aufmerksamkeit verlangt ist, sollten Sie Ihre Körpersprache passend einsetzen.

Das Wichtigste ist auch hier das Lächeln. Sicherlich haben auch Sie schon einmal gehört: „Lächeln entwaffnet." Halten Sie den Blickkontakt zu Ihrem Gesprächspartner deutlich aufrecht. Das Senken der

Augenlider oder gar das Beugen des Kopfes würde eher als Demutshaltung angesehen. Diese Haltung signalisiert in der Regel Schwäche. Ausnahme: Sie setzen diese Kopfhaltung bewusst ein.

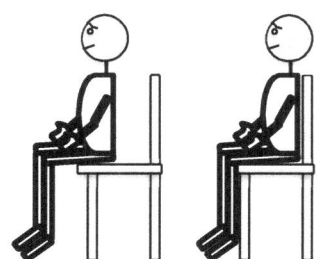

Bleiben Sie selbstbewusst gerade sitzen oder stehen. Sollten Sie sitzen, nehmen Sie die komplette Sitzfläche ein. Also nicht nur vorn an der Stuhlkante sitzen oder nervös hin- und her wibbeln.

Vermeiden Sie, die Arme vor dem Körper zu verschränken. Das kann als Schutzhaltung angesehen werden. Tatsächlich ist es legitim, sich in solch einer Situation zu schützen.

Das gezeigte körpersprachliche Bild hingegen wirkt schwach. Deshalb: Zeigen Sie eine offene Armhaltung.

Neben diesen körpersprachlichen Signalen greift noch die sogenannte para-verbale Kommunikation. In diesem Fall ist Ihre Stimme gemeint. Bleiben Sie ruhig, werden Sie nicht zu laut, aber doch so, dass Sie sehr gut verstanden werden können.

Legen Sie gegebenenfalls eine kurze Pause ein, bevor Sie antworten. Diese kleine Pause gibt Ihnen die Möglichkeit, Ihre Antwort gezielt zu setzen. Außerdem erreichen Sie durch die Pause eine gesteigerte Aufmerksamkeit Ihres Gegenübers. Drittens vermeiden Sie damit, unbedacht zu antworten.

Der Bereich Stegreif

In der althochdeutschen Sprache finden sich die Begriffe ‚stigan', das von ‚steigen' kommt und ‚reif' gleich Seil oder Strick.

In der englischen Sprache findet sich das beim Wort ‚rope' wieder, was ebenso für Seil steht, auf Schwedisch ‚rep' genannt.

Eine Reepschnur oder ein Reep ist ein kräftiges, dünnes Seil, das früher zum Beispiel auf der Hamburger Reeperbahn von den Reepschlägern hergestellt wurde, um in der Seefahrt eingesetzt werden zu können.

Aus diesen Wörtern entstand später das Wort Steigbügel, ursprünglich eine Seilschlinge. Diese half dem Reiter, leichter aufs Pferd aufzusteigen.

Spricht jemand aus dem Stegreif, dann steht er – bildlich betrachtet – freihändig und sicher auf dem Pferd und hat alle Sinne frei, zu reden und zu handeln. Obwohl der Beschriebene jetzt gerade steht, wird das Wort Stegreif ohne ‚h' geschrieben.

Derjenige, der aus dem Stegreif handelt, agiert also nicht zwangsläufig unüberlegt. Er hat in der Regel einige Augenblicke Zeit, sich zumindest mental, auf seinen Einsatz vorzubereiten.

Die thematische Materie, um die es geht, ist meist bekannt.

Sind Sie beispielsweise auf einer Jubiläums-Feier eingeladen und werden unerwartet gebeten, eine kurze Rede zu halten, kann davon ausgegangen werden, dass Sie einige Vorkenntnisse über den Anlass oder den Gastgeber haben.

Sie sind damit nicht ganz so unvorbereitet, wie es im ersten Moment aussehen könnte. Hier zeigt sich eine Abgrenzung zur Spontaneität.

Abgrenzung Spontaneität, Schlagfertigkeit und Stegreif

Obwohl sich die drei Bereiche zwangsläufig berühren beziehungsweise überschneiden, lassen sie sich wie folgt auch trennen:

Spontaneität	Schlagfertigkeit	Stegreif
Impulsives, ungeplantes Handeln aus innerem Antrieb.	Verbales Entkräften eines rhetorischen Angriffs.	Ungeplantes Reden nach einer geringen Vorbereitungszeit.
Sie entscheiden frei, ohne dass ein anderer Sie dazu auffordert oder benötigt.	Sie müssen reagieren, da Sie von einem anderen provoziert werden.	Sie reagieren gerne, da Sie von einem anderen dazu gebeten werden.
Sie zeigen Flexibilität und erweitern Ihren Lebens-Horizont.	Sie zeigen Stärke und schützen sich.	Sie zeigen Einfühlungsvermögen und stärken Ihr soziales Netzwerk.

Teil 2 – Spontaneität

Spontaneität und/oder Spontanität?

Wählen wir spontan die erste Variante

Schlagfertigkeit: Erwiderung in Form einer vorsichtigen Beleidigung.
Ambrose Gwinnett Bierce, US-amerikanischer Journalist und Satiriker
(1842 - 1914)

Dann bereite dich mal gut vor

Sie müssen sich nicht unbedingt vorbereiten. Im Gegenteil. Wie festgestellt wurde, erfolgt das spontane Handeln freiwillig und aus eigenem Willen.

Auf der Seite Wiktionary findet sich zu dem Wort Spontaneität ein Unterschied zwischen (den hier beschriebenen) Handlungen und zusätzlichen Charaktereigenschaften. So sagt die Quelle, dass der spontane Mensch als Eigenschaft eine positive Unkompliziertheit zeigt, aber eventuell auch eine Unzuverlässigkeit. Die mögliche Unzuverlässigkeit wurde für unseren Themenbereich bereits ausgeschlossen.

Interessanterweise gibt es das Wort Spontaneität auch in der Mehrzahl, nämlich als Spontaneitäten. Das ist höchst interessant, wird doch angenommen, dass ein Mensch entweder eher spontan ist oder nicht.

Bei der Recherche zu diesem Buch fiel immer wieder auf, dass eine Gruppe von Menschen ganz deutlich sagt: „Spontaneität lässt sich nicht lernen." Die andere Gruppe drückt deutlich das Gegenteil aus: „Ja, Spontaneität lässt sich lernen." Was stimmt denn nun?

Über den eigenen Schatten springen

Natürlich klingt es wie ein Widerspruch. Wie soll sich spontanes Verhalten trainieren lassen? Dann wäre es ja nicht mehr spontan. Tatsächlich ist das etwas Größeres. Es ist eine Frage des Willens.

Auch eine Überlegung, wie jemand sein Leben gestalten will. Immer nur so, wie alle anderen es auch tun oder vielleicht doch mal etwas riskieren, wobei selbstverständlich auch Fehler auftreten können.

Zeigt jemand die Bereitschaft, über seinen eigenen Schatten springen zu wollen, wird er versuchen und experimentieren. Er wird feststellen, dass es ihm Vorteile bringen kann, wenn er sich spontan verhält.

Selbstverständlich handelt es sich hier um eine generelle Einstellung. Das spontane Verhalten auf eine gezielte Situation hin lässt sich – logischerweise – nicht trainieren.

Hat ein Mensch allerdings schon häufiger spontan reagiert, wird es ihm immer leichter fallen, auch in zukünftigen Situationen spontan vorzugehen.

Es könnte auch gesagt werden, dass das Training bereits mit der Bereitschaft spontan sein zu wollen, beginnt.

Jetzt werde ich spontan

Eine Person ist bereit, ihre Gedanken bewusst oder unbewusst verknüpfen zu lassen. Das bedeutet, dass die Zellen ihres Gehirns miteinander verknüpft werden. Die Zellen bauen neue Verbindungen auf.

Je mehr Verknüpfungen das Gehirn herstellt, desto besser kann die Person auf ungewöhnliche Situationen reagieren. Das liegt unter anderem daran, dass sie bereits Vieles oder Ähnliches erlebt hat und es ihr so leichter fällt mit Neuem umgehen zu können.

Verknüpfungen werden gebildet

Der Geruch von frisch aufgebrühtem Kaffee lässt bei vielen Menschen sofort den Wunsch nach einer heißen Tasse Kaffee entstehen.

„Der Präsidenten-Kaffee"

Er kann den Kaffee regelrecht schmecken, er spürt die warme Tasse in seiner Hand. Möglicherweise erinnert er sich an eine schöne Situation, zum Beispiel im Urlaub, als er mit einer netten Person zusammen in einem Kaffeehaus saß. Zum Beispiel in einem schönen und klassischen Wiener Kaffeehaus. Tja, die Wiener, mit ihrem unnachahmlichen Charme, den Fiakern und dem fantastischen Stephansdom. Was waren das früher noch schöne Zeiten, den nuschelnden Hans Moser in einem seiner harmlosen Filme sehen zu dürfen. Wobei viele ja auch die Sissi-Filme mögen. Nicht umsonst werden diese Filme jedes Jahr immer wieder und unermüdlich wiederholt. Natürlich gibt es noch andere bekannte Österreicher. Zum Beispiel Arnold Schwarzenegger. Der lebt doch inzwischen in den USA. In Kalifornien. Wollte er nicht sogar einmal Gouverneur werden? Naja, in den Staaten ist ja alles möglich. Da waren ja noch ganz andere Schauspieler zum Präsidenten gekürt.

Liebe Leserin, lieber Leser, mit diesem Beispiel soll die Verknüpfung von gespeicherten Informationen im Gedächtnis veranschaulicht werden.

Der Auslöser ist der Geruch einer Tasse Kaffee. Über diesen gelangen Sie zu Sissi und schließlich nach Kalifornien. Wenn Sie sich an Ihre Tagträume erinnern, merken Sie, wie Sie mit Ihren Erinnerungen springen. Werden Sie gefragt, kann es sein, dass Sie überhaupt nicht mehr wissen, womit Ihr Traum begann.

Damit ist gezeigt – und bewiesen – dass die Informationen in Windeseile im Gedächtnis ‚abgegangen' werden können. Aufgrund der

Schnelligkeit dieses Vorgangs schafft es der Mensch, in Bruchteilen von Sekunden eine neue Verknüpfung herzustellen.

Weiterleitung von Information

Die Wissenschaft geht heute davon aus, dass der Hippocampus (Teil des Gehirns) an der Weiterleitung von Informationen aus dem Kurzzeit-Gedächtnis in das Langzeit-Gedächtnis maßgeblich beteiligt ist.

Wird der Hippocampus zerstört, ist eine Weiterleitung und damit die Speicherung neuer Informationen nicht mehr möglich. Die Speicherung von Informationen erfolgt vor allem in den Zellen der Großhirnrinde.

Allerdings ist eine einzige Information nicht nur in einer einzigen Zelle gespeichert (zum Beispiel Banane). Die Banane wird in mehreren (Hundert? Tausend?) Nervenzellen mit deren Verknüpfungen zu anderen Nervenzellen gespeichert sein.

In einigen Zellen finden Sie den Namen, in anderen die Farbe, in wiederum nächsten die Form, den Geschmack, die Herkunft und so weiter.

Diese Information ist insofern wichtig, als sie zeigt, dass beim Verlust einer einzigen Gehirnzelle nicht ein komplett gespeichertes Wissen verloren geht.

Wird jene Gehirnzelle zerstört, die die Farbe ‚gelb' gespeichert hat, weiß der Betreffende trotz allem noch, was eine Banane ist, wo sie herkommt, wie sie schmeckt und so weiter.

Beim nächsten Genuss einer Banane ergänzt das Gedächtnis das fehlende Wissen ‚gelb' in einer anderen Gehirnzelle. Somit ist das gespeicherte Wissen über ‚Banane' wieder vollständig.

Der Mensch muss keine Sorge deswegen haben, hat das menschliche Gehirn doch (fast) unendliche Kapazität, um eine verlorene Information problemlos in einer anderen Gehirnzelle neu zu speichern.

Auslöser

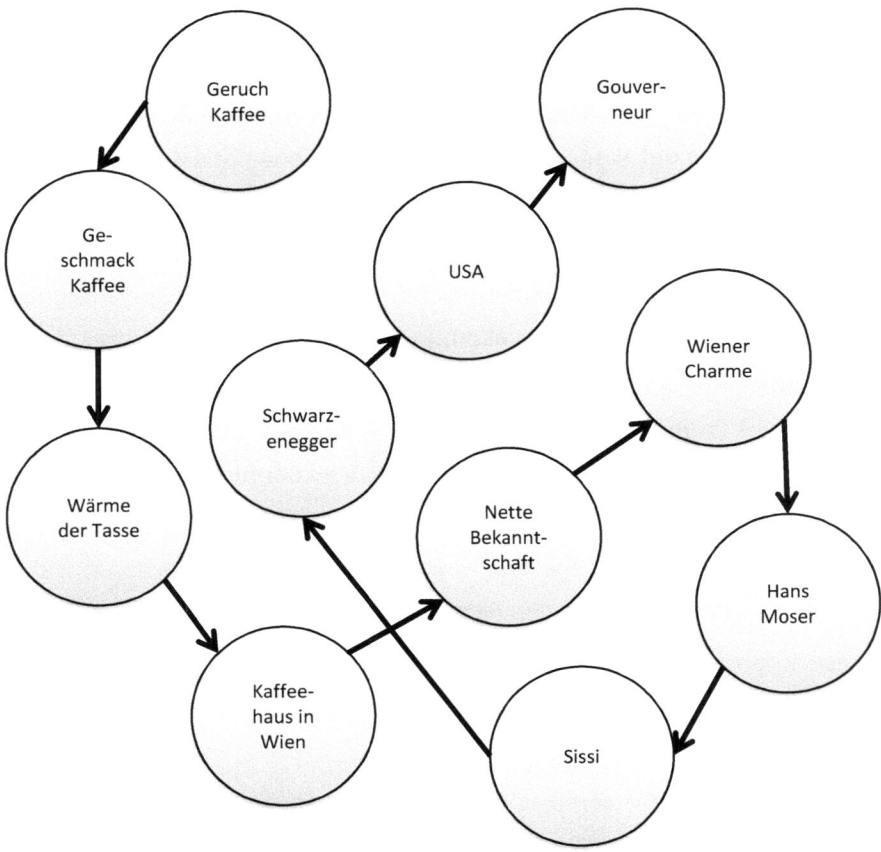

Wie war das mit dem Kaffee? Begonnen hatte alles mit dem Geruch einer Tasse Kaffee. Die Erinnerung findet sich in der Gehirnzelle, in der der Geruch Kaffee gespeichert ist.

Von dort gibt es (unter vielen, vielen anderen) eine Verbindung zur Gehirnzelle, die den Geschmack des Kaffees speichert.

Dann geht es zur Wärme der Tasse und so weiter, bis schließlich der Gouverneur in Kalifornien grüßt.

Allerdings verläuft die Verknüpfung nicht nur in eine Richtung, also von einer Gehirnzelle in die nächste und dann weiter von dort in die übernächste.

Die Verknüpfung läuft in beiden Richtungen. Von der Wärme der Tasse kann das Gedächtnis auch ganz leicht zum Geschmack des Kaffees und schließlich zum Geruch kommen.

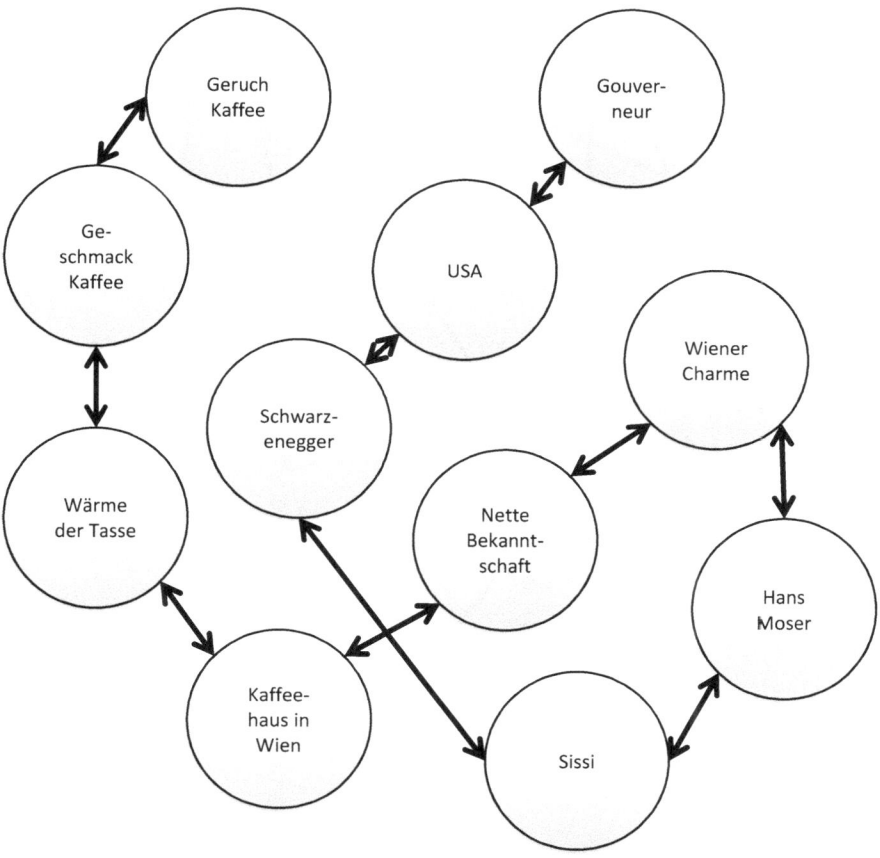

Direkte Verknüpfungen

Immer noch gibt es weitere Ergänzungen. Ursprünglich liefen die Verknüpfungen vom Kaffeehaus über die Bekanntschaft, den Wiener Charme zu Hans Moser. Tatsächlich ist eine Verknüpfung zwischen dem Kaffeehaus und Hans Moser direkt auch möglich. Das Gehirn muss also nicht zwangsläufig einen ‚Umweg' denken.

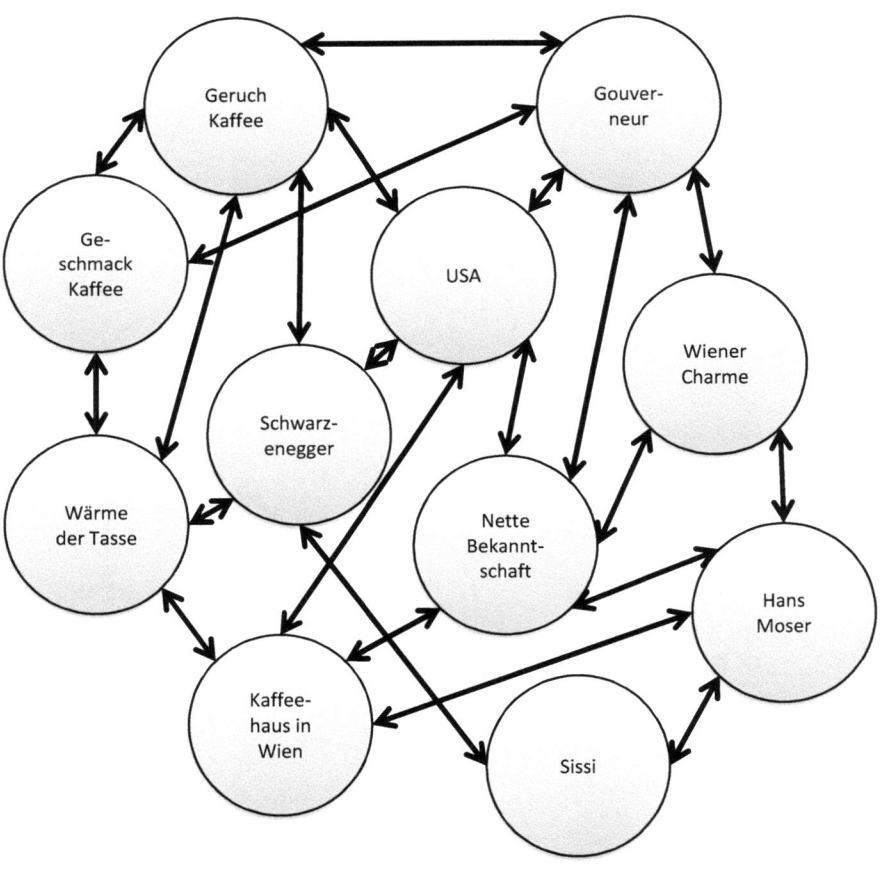

Es wird davon ausgegangen, dass jede Gehirnzelle bis zu 10.000(!) Verknüpfungen mit anderen Gehirnzellen bilden kann.

Das lässt sich auf einem Stück Papier überhaupt nicht mehr vernünftig darstellen. Außer Verknüpfungen könnten Sie überhaupt nichts mehr sehen. Auf den Zeichnungen oben sind die Gehirnzellen zweidimensional dargestellt. Tatsächlich wird im dreidimensionalen Raum gearbeitet.

Eine Verknüpfung muss auch nicht zwangsläufig und ausschließlich nur mit der Nachbarzelle entstehen. Sie kann quer durchs komplette Gehirn laufen.

Verknüpfungen ab Geburt

In frühester Kindheit bilden sich die meisten Verknüpfungen – sogar schon vor der Geburt. Täglich kommen neue Verknüpfungen dazu.

Wer als Erwachsener immer gleichartig denkt, sozusagen immer die gleichen Wege geht, baut wenige neue Verknüpfungen auf.

Dort, wo bereits eine Verknüpfung besteht, gibt es keinen Bedarf eine neue zu bilden.

Füttern Sie das Gehirn mit neuen Informationen, bilden sich neue Verknüpfungen. Die Wege zwischen den Gehirnzellen werden vielfältiger.

Wer demnach viel erlebt hat (im Sinne von viel Input in das Gehirn gegeben hat) besitzt ein unermessliches Netz an Wegen. Je vielfältiger diese Verknüpfungen sind, desto leichter lassen sich neue dazunehmen, da das Gehirn ja sozusagen in diese Richtung konditioniert wurde.

Übungen zur Spontaneität

Sind Sie bereit, ein Training zu starten? Fangen Sie an, neue Assoziations-Ketten aufzubauen, so wie im Kaffee Beispiel.

Assoziations-Ketten – Das Käsebrötchen

Nehmen Sie irgendeinen Begriff als Startpunkt. Beginnend mit: Käse-brötchen. Nun nennen Sie ein weiteres Wort, das mit Käsebrötchen zu tun hat und von dem nächsten Wort wieder ein weiteres und wieder ein weiteres, solange es für Sie möglich ist. Also so:

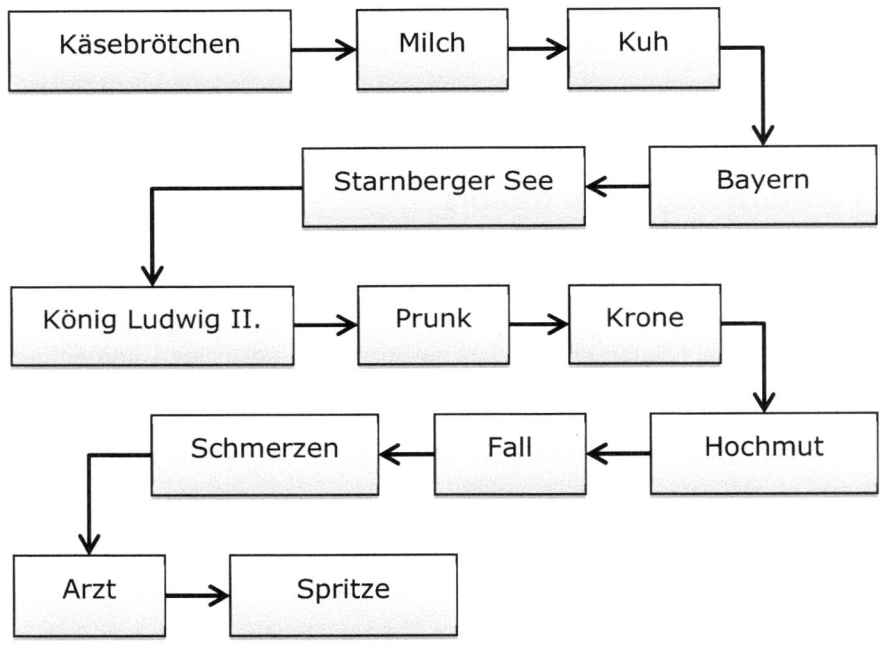

Bei Übungen dieser Art gibt es kein Richtig oder Falsch.

Obwohl es natürlich unendlich viele Ausgangsbegriffe gibt, werden hier nur einige Start-Begriffe vorgeschlagen.

Suchen Sie sich einen aus und bilden eine Assoziations-Kette. Wenn es Ihnen gut gelungen ist, machen Sie dasselbe mit einem zweiten Begriff. Ist es Ihnen nicht gut gelungen, ist es ein Grund mehr, mit einem an-deren Begriff zu trainieren.

Frosch	Götz von Berlichingen
Christbaumkugel	Tattoo
TÜV	Mäusespeck
Hannelore	Unzufriedenheit
Elfenbein	Gedächtnis
Glück	Hochsprung
Borneo	Bill Gates

Assoziations-Geschichten – Sherlock Holmes

Nachdem das mit einzelnen Wörtern so wunderbar geklappt hat, können Sie sich nun einer zweiten Übung zum Thema Assoziation zuwenden. In dieser Übung werden alle Wörter vorgegeben, die in der vorgegebenen Reihenfolge verwendet werden sollen.

In Trainings wird das jeweils folgende Wort immer erst gezeigt, wenn das vorhergehende bereits ein Teil der Geschichte wurde. Im Papierformat ist das so nicht möglich, es sei denn Sie arbeiten mit einem Kartenset eines Wort-Spiels.

Natürlich können Sie diese Art Spiel mit einem Bekannten spielen, der eine Reihe – möglichst nicht zusammenhängender – Begriffe aufschreibt und diese Ihnen nach und nach zeigt.

Hier sei angenommen, die gezeigten Wörter lauten wie folgt: Sherlock Holmes – Quietschen – Hund – Glöckchen – Schweiz – Titanic – ...

So könnte die Geschichte verlaufen.

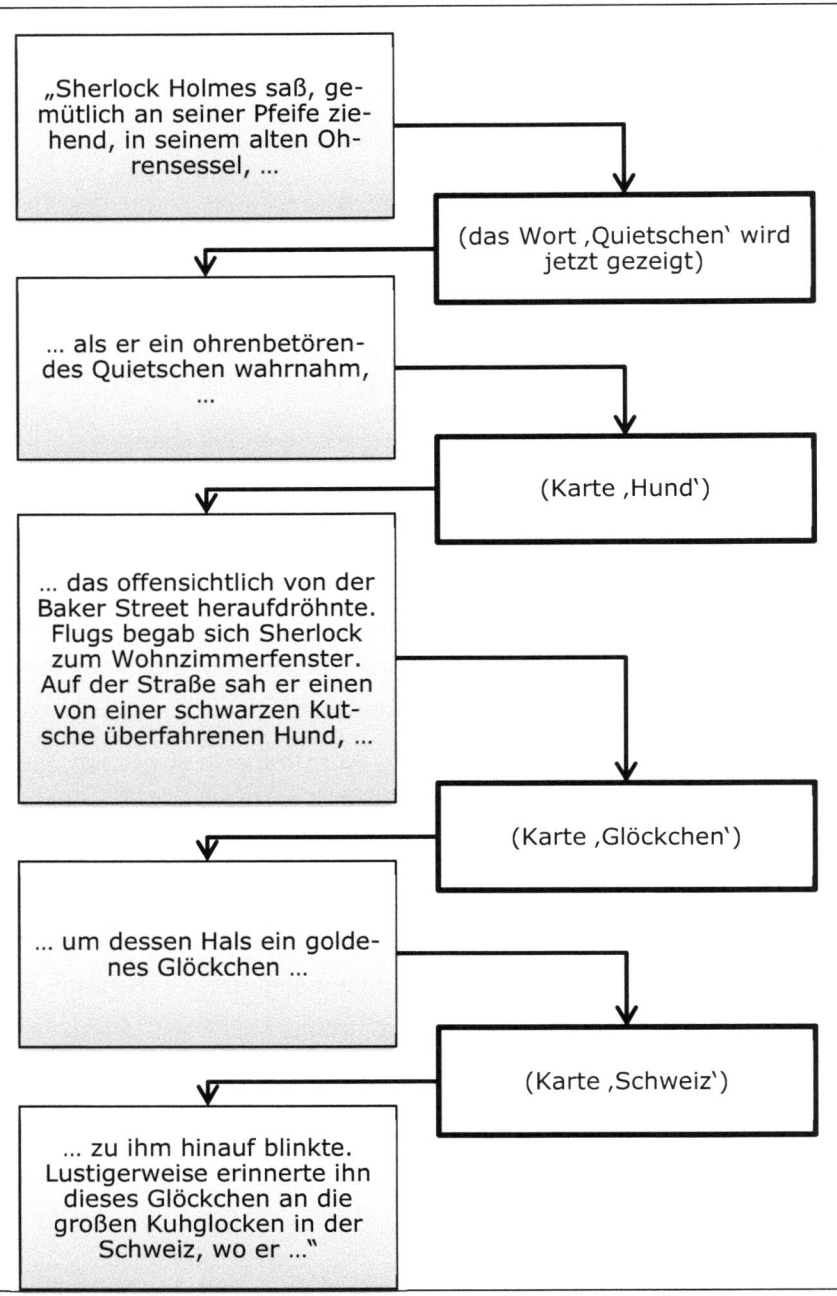

„Sherlock Holmes saß, gemütlich an seiner Pfeife ziehend, in seinem alten Ohrensessel, …

(das Wort ‚Quietschen‘ wird jetzt gezeigt)

… als er ein ohrenbetörendes Quietschen wahrnahm, …

(Karte ‚Hund‘)

… das offensichtlich von der Baker Street heraufdröhnte. Flugs begab sich Sherlock zum Wohnzimmerfenster. Auf der Straße sah er einen von einer schwarzen Kutsche überfahrenen Hund, …

(Karte ‚Glöckchen‘)

… um dessen Hals ein goldenes Glöckchen …

(Karte ‚Schweiz‘)

… zu ihm hinauf blinkte. Lustigerweise erinnerte ihn dieses Glöckchen an die großen Kuhglocken in der Schweiz, wo er …“

Nun sind Sie dran.

Hier sind 14 Begriffe, die Sie der Reihe nach (senkrecht oder waagrecht vorgehend, so wie Sie es möchten) in eine Geschichte einbauen sollen. Die Geschichte beginnt mit Sherlock Holmes.

Sherlock Holmes	Süß-sauer
Gibraltar	Goldrausch
Gipsbein	Chinesische Mauer
Hundefutter	Mauseloch
Omar Sharif	Kleiderbügel
Freiheitsstatue	Kerzenwachs
Pink-farben	Monokel

Waschbären waschen Wolle

Testen Sie Ihr Gedächtnis mit dieser Übung der Schwierigkeitsstufe ‚hoch'. Reizen Sie Ihre begierigen Gehirnzellen, eine Höchstleistung zu vollbringen.

Bilden Sie Sätze, anschließend kurze Vorträge, bei denen alle Wörter mit demselben Anfangsbuchstaben (Alliteration) beginnen. Hier ein Beispiel als Dialog.

> „Wollen Waschbären Wolle
> waschen?"

Wilma: Willkommen, Werner!
Werner: Wow, Wilma, wie war's Wochenende?
Wilma: Wunderbar.
Werner: Wissen wir, warum Waschbären Wolle waschen wollen?
Wilma: Wieso wollen Waschbären Wolle waschen?
Werner Wörner. Wissen wir warum?
Wilma: Weil Waschbären wie wundersame Wesen wirken?
Werner: Weiße, wachsame Waschbären?
Wilma: Wahrhaftig! Wie waschen wachsame Waschbären wuschelige weiße Wolle?
Werner: Wirkungsvoll!
Wilma: Werner, woher wissen Wesen, wo Wolle wächst?
Werner: Womöglich wird's weitergesagt, Wilma.
Wilma: Wird Wolle wirklich weiß?
Werner: Wahrscheinlich.
Wilma: Wunderbare Welt, wirklichkeitsfremder Waschbären.
Werner: Wiedersehen, Wilma.
Wilma: Wunderschönes Wochenende, Werner.
Werner: Warte, Wilma: wer weiß, wo Wuppertaler Waschfrauen weiße Wäsche waschen?
Wilma: Walter wusste, wo West-Wuppertaler Waschfrauen wieder wundervolle windelweiche weiße Wäsche wuschen.

Sollte Ihnen mal ein Wort mit anderem Anfangsbuchstaben dazwischen rutschen, schauen Sie augenzwinkernd darüber hinweg.

Teil 3 – Schlagfertigkeit

Schlagfertigkeit – Reaktion auf eine Boshaftigkeit

Bereit zuzuschlagen?

Schlagfertigkeit ist etwas, worauf du erst 24 Stunden später kommst.
Mark Twain (Samuel Langhorne Clemens),US-amer. Erzähler
(1835 - 1910)

Der verbale Angriff und das schlagfertige Kontern

Wenn Sie tatsächlich 24 Stunden brauchen, wie Mark Twain meint, um schlagfertig reagieren zu können, dann sieht es mehr als schlecht aus.

Im Gegensatz zu Mark Twain meinte der deutsche Philosoph Friedrich Julius Stahl (1802 – 1861): „Manche Leute werden hauptsächlich deshalb für gebildet gehalten, weil ihnen das wenige, was sie wissen, im richtigen Augenblick einfällt.“

Was stimmt denn nun? Diplomatisch sei geantwortet: Beide haben recht. Ist es Ihnen nicht auch schon einmal ergangen, dass Sie in einer ‚blöden‘ Situation gerne mit einer schlagfertigen Antwort reagiert hätten, Ihnen in diesem Augenblick allerdings nichts Gescheites einfiel.

Innerlich haben Sie sich selbst geärgert. Das hilft Ihnen aber hier nicht weiter. Kämen Sie erst am nächsten Tag mit Ihrer gelungenen Antwort, würde das überhaupt nichts mehr bringen. Also in diesem Falle „dumm gelaufen“.

Besser ist es natürlich, wenn Sie sofort reagieren können. Nur dann kann auch von Schlagfertigkeit geredet werden. Die daraus entstehenden Vor- und Nachteile wurden bereits erläutert.

In diesem Kapitel ist das Ziel, die Schlagfertigkeit zu trainieren. Aus einem vorgegebenen Zusammenhang soll eine treffende, passende Aussage gefunden werden.

Die Boshaftigkeit aushebeln

Beispiel: Ihr Kollege begrüßt Sie mit folgenden Wörtern: „Sie sehen wieder übernächtigt aus." Wie kann Ihre schlagfertige Antwort ausfallen? Ihr Kollege, Vorgesetzter, Geschäftspartner wirft Ihnen eine der folgenden Aussagen vor den Kopf. Suchen Sie sich gleich einige davon aus und überlegen Sie, wie Sie vernünftig antworten würden.

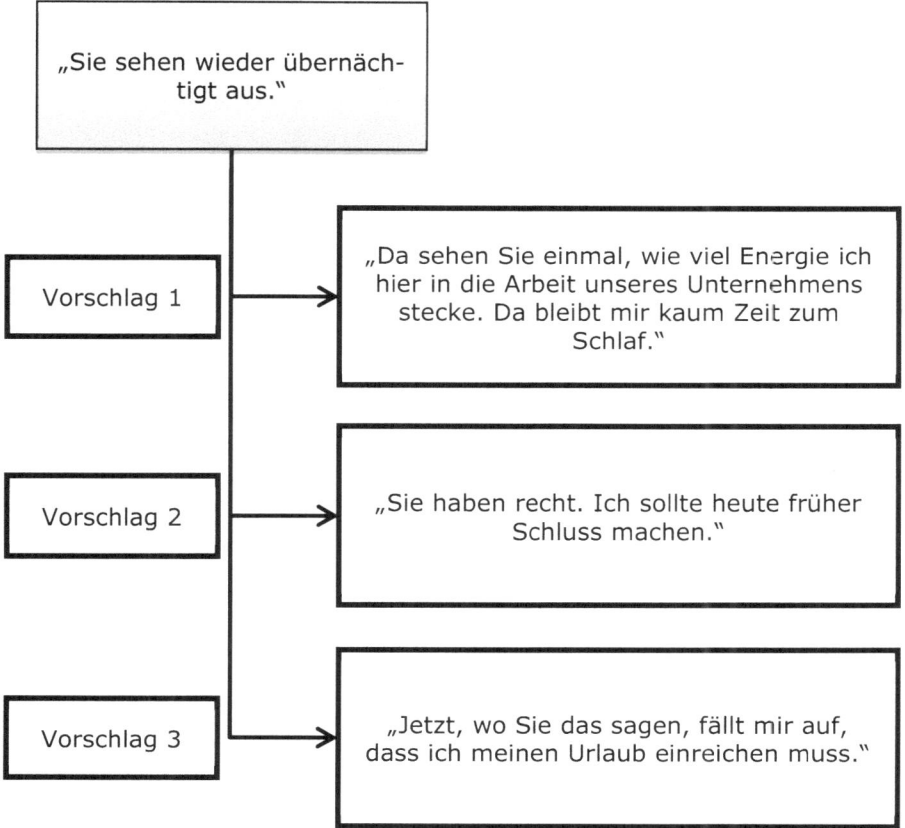

Vermeiden Sie, zusätzlich Aggression aufzubauen oder einen sich anbahnenden Konflikt zu vertiefen. Denken Sie daran, dass Sie als Gewinner aus diesem Geplänkel aussteigen sollen. Noch etwas überlegen: Die Kommunikation soll anschließend vernünftig weiterlaufen.

Zweites Beispiel: Sie sind mit Ihren Kolleginnen in der Kantine. Plötzlich sagt eine: „Sie haben aber sehr große Füße." Wie können Sie reagieren?

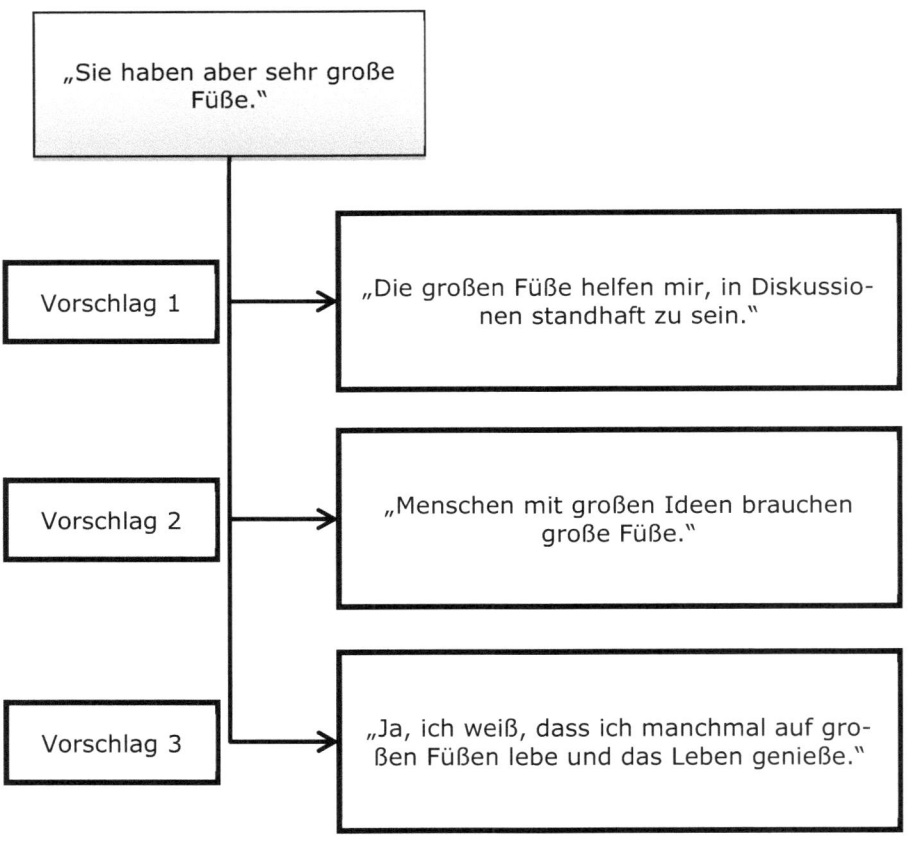

Jetzt sind Sie an der Reihe:

Das ist ja wieder mal typisch Frau/Mann.	Sie haben ja schon wieder dasselbe wie gestern an.
Sie gehören wohl zu den Körner lutschenden Grünen.	Sie sehen wieder einmal ungepflegt aus.
Ihre Frisur sieht aus, wie die auf dem Hochzeitsfoto meiner Ur-Großmutter.	Sie trinken Alkohol? Ich brauche das nicht. Ich kann auch so lustig sein.
Bei Ihrem/r köperbetonenden Hemd/Bluse kann ich mich nicht konzentrieren.	Sie sind ja nur so groß, weil Ihre Schuhe so hohe Absätze haben.
Schalten Sie mal Ihr Gehirn ein, bevor Sie sprechen.	Sie haben ungefähr das Feingespür einer Dampfwalze.
Mein Gott, Sie transpirieren ja unglaublich.	Ihnen wurde wohl die eine Hirnhälfte raus operiert?
Das ist ja wieder mal typisch Student/Studentin.	Sie sind viel zu verklemmt für ein erfolgreiches Leben.
Immer höre ich nur Beschwerden über Sie.	Um Himmels Willen, Sie sind wirklich primitiv.
Sie haben kein Selbstbewusstsein, dass Sie in dieses Seminar kommen müssen?	Von einem Großmaul wie Ihnen, habe ich keine andere Antwort erwartet.
Sie sind ein klassisches Weichei!	Sie sind nicht nur im Kopf alt.
Würden Sie wirklich wieder als Mann/Frau auf die Welt kommen wollen?	Sie sind ja auch nur eine dieser hysterischen Frauen/cholerischen Männer.
Sie laufen wie auf rohen Eiern.	Sie sind viel zu unerfahren, um das verstehen zu können.
Sie sind und bleiben ein unscheinbares Mauerblümchen.	Klar: Sie haben immer nur etwas zu kritisieren.
Sie sind ein typischer Macho.	Sie haben doch keine Ahnung vom Leben.
Mit Ihnen will doch niemand zusammenarbeiten.	Wollen oder können Sie nicht besser?
Sie haben wohl zugenommen?	Sie sind heute wieder mal besonders lustlos.
Putzen Sie sich eigentlich mal die Zähne?	Mein Gott, haben Sie Mundgeruch.

Ihr Kurs ist deutlich im Fallen.	In Ihrer Gegenwart fühlt sich doch kein Mensch wohl.
Sie geben immer so schnippische Antworten.	Schalten Sie Ihr Gehirn ein, bevor Sie sprechen.
Leute wie Sie, machen mir das Leben schwer.	Sie haben sich ganz schön verändert.
Sie sind absolut unzuverlässig.	Sie sind ja überhaupt nicht bindungsfähig.
Sie sind absolut nicht in der Lage andere Menschen zu überzeugen.	Kein Wunder, dass Sie keine vernünftige Partnerschaft aufbauen können.
Wie können Sie nur in den Spiegel schauen, ohne dass der platzt?	Wenn ich Ihr/e Frau/Mann Freundin/Freund wäre, würde ich Ihnen Gift geben.
Machen Sie sich nicht wieder lächerlich.	Sie sind wohl ein armer Schlucker?
Ihr Zenit ist schon lange überschritten.	Können Sie eigentlich nur arrogant sein?
Unglaublich, sind Sie arrogant.	Ist ja klar, dass keiner mit Ihnen zusammenarbeiten will.
Die Schuhe passen nicht zu Ihrem sonstigen Outfit.	Ihr Friseur ist wohl wieder mal im Urlaub?
Sie sind total langweilig.	Ist der Schmuck echt?
Feministinnen/Bodybuilder sehen aus wie Bauarbeiter.	Sie sind echt inkompetent.
Wie kompensieren Sie Ihre mangelnde Menschenkenntnis?	Sie haben Ihr Leben absolut nicht im Griff.
Sie beherrschen ja nicht mal perfekt Deutsch.	Gehen Sie mal mehr aus sich heraus.
Wann haben Sie das letzte Mal ein Buch gelesen?	Treten Sie doch echte Beweise an.
Ihre Antworten sind langweilig.	Ihre Kleidung entspricht nicht der Jahreszeit.
Sie sind eine alte Nervensäge.	Ja, ja, Einbildung ist auch 'ne Bildung.
Sie sind überhaupt nicht schlagfertig.	Sie sind absolut unfähig.

In der Schule haben Sie wohl auch nicht aufgepasst?	Sie waren meine Freundschaft noch nie wert.
Jetzt sagen Sie doch auch endlich mal was.	Arbeiten Sie doch endlich mal an Ihrer Ausstrahlung.
Aus welchen Gründen sind Sie so gehemmt geworden?	Sind Sie eigentlich blöd oder beschränkt?
Manche Menschen glauben, Sie könnten mehr leisten. Ich glaube das nicht.	Es gibt nichts Unerträglicheres als Karriereweiber/Karrieremänner.
Warum geben Sie nicht mehr Geld für Ihre Bildung aus?	Können Sie nicht über Ihren eigenen Schatten springen?
Wenn Sie nur eine Hirnzelle weniger hätten, wären Sie eine Pflanze.	Sie wählen Ihren Friseur wohl immer nach dem Zufallsprinzip?
In Ihrem Alter sollte man solch eine Kleidung nicht mehr tragen.	Mit Ihrer Nase müssen Sie aufpassen, dass es nicht reinregnet.
Sie sind fürchterlich egoistisch.	Sagt Ihnen der Begriff ‚Karriere' etwas?
Hallo: Haben Sie noch Sex – oder spielen Sie schon Golf?	Werden Sie doch nicht gleich emotional.
Bei Ihnen stimmt ja vorne und hinten nichts.	Haben Sie Ihren Schönheits-Chirurgen eigentlich verklagt?
Alle lachen über Sie.	Sie könnten ja auch mal was Konstruktives beitragen.
Sie gehören am besten in eine Irrenanstalt.	Heulen Sie doch nicht gleich!
Sie haben einen Fleck auf der Hose/Bluse.	Sie Emanze/Macho!
Für Frauen/Weicheier haben wir Limonade statt Alkohol.	Kein Wunder, dass niemand mit Ihnen sprechen will.
Können Sie eigentlich mal einen ganzen Satz sprechen?	Typische Aussage eines Möchtegerns.
Typisch: Sie sind ein Waschlappen.	Das ist ja wieder mal typisch von Ihnen.
Können Sie noch was anderes, als dümmlich grinsen?	Gibt es Ihre Zähne auch in weiß?
Haben Sie kein Zuhause?	Haben Sie schon mal was von Erfolg gehört?

| Ihr Gehirn hat wohl die Größe einer Walnuss. | Sie sind gebildet, wie mein Hund. |
| Haben Sie wieder gekokst? | Da sind ja die Kinder im Kindergarten intelligenter. |

Manche dieser Boshaftigkeiten scheinen harmlos, andere wirken frech, unverschämt, beleidigend. Das gilt auch dann, werden sie vermeintlich als Scherz geäußert.

Suchen Sie sich aus den Vorschlägen einige aus, mit denen Sie trainieren wollen. Je mehr Training Sie umgesetzt haben, desto selbstbewusster sollten Sie mit solchen unangenehmen Situationen umgehen können.

Gehören Sie zu dem Menschenschlag, der andere mit solchen Boshaftigkeiten nicht belästigen würde: Herzlichen Glückwunsch!

Das heißt aber nicht, dass ein anderer gleich freundlich mit Ihnen umgehen würde.

Also: Damit Ihnen nicht die ‚Spucke wegbleibt', Sie aggressiv reagieren oder sogar weinen müssen, trainieren Sie lieber Ihre rhetorische Schlagfertigkeit.

Die destruktiven Killerphrasen – gekonnt zum eigenen Vorteil nutzen

Killerphrasen! Das klingt ja gefährlich! Dann noch destruktive Killerphrasen. Wo finden Sie diese heimtückischen Killerphrasen? Interessanterweise treten sie häufiger auf, als Sie sehr wahrscheinlich annehmen.

Sie sprechen mit Ihrem Vorgesetzten über ein tolles Projekt, das Sie gerne verwirklichen würden. Mit hoher Wahrscheinlichkeit werden Sie ganz schnell mit einer Killerphrase konfrontiert.

Typischerweise zum Beispiel mit: „Da haben wir im Augenblick gar kein Budget frei."

Tja, was wollen Sie dagegen sagen? In das Budget haben Sie sowieso keinen Einblick und dass gespart werden muss, ist seit Jahren ein offenes Geheimnis.

Also wird nichts aus ihrem Projekt. Enttäuscht und gesenkten Hauptes verlassen Sie den Raum.

Halten Sie die Aussage des Vorgesetzten noch einmal vor Augen, stellen Sie fest, dass er sagte, „im Augenblick" kein Budget eingeplant zu haben.

Was bedeutet denn dieser Augenblick? Heute, diesen Monat, dieses Jahr? Vielleicht könnte das Projekt im nächsten Jahr umgesetzt werden.

Also: Finden Sie es gut, kreative Ideen gleich durch eine Killerphrase abwürgen zu lassen? Sicherlich nicht – oder doch? Killerphrasen gelten als destruktiv (zerstörend), weil sie die (gedankliche) Weiterentwicklung deutlich hemmen beziehungsweise hindern.

Killerphrasen zerstören

Es ist relativ einfach, mit einer Killerphrase einen Gedanken zu kappen. Das passiert täglich in hunderten, bestimmt mehreren tausenden Meetings und unzähligen Gesprächssituationen. Lässt nur ein Teilnehmer aus der anwesenden Gruppe eine Killerphrase einfließen, steht die vorgeschlagene Idee bereits in der Kritik.

Gegebenenfalls geben jetzt auch die anderen ihre Kommentare ab. Plötzlich bauen sich Probleme auf, die vorher so gar nicht gesehen waren.

Statt sich nun aber an diesen Problemen festzukrallen, sollte eher nach einer Lösung gesucht werden, diese ‚Herausforderungen' zu überwinden.

Wer bereit ist, so zu denken, wird neue und oft auch erfolgreiche Wege finden. Unternehmen können sich nur auf diese Art und Weise weiterentwickeln, wenn Sie bereit sind, auch Ungewohntes zu durchdenken oder gegebenenfalls natürlich zu realisieren.

Wie Killerphrasen entwaffnet werden können

Da die Killerphrase Ihre Argumentation zerstören soll, darf dieser nicht unwidersprochen gefolgt werden.

Hier werden drei Möglichkeiten der Einwandbehandlung bei eingesetzten Killerphrasen beschrieben.

Sicherlich gibt es noch andere Varianten, eine Killerphrase auszuheben. Die hier genannten drei Beispiele sind relativ leicht zu verstehen und ebenso leicht in der Praxis einzusetzen.

Gegenfrage

Isoliertechnik

Bumerangmethode

Beispiel: Sie sind in einem Autohaus und stehen vor einem funkelnden tollen Sportwagen, der Ihr Herz höher schlagen lässt. Dieses Fahrzeug hätten Sie gerne. Die Verkaufsfachkraft preist das Fahrzeug in perfekter Verkaufsargumentation.

Schließlich trauen Sie sich, folgenden Einwand (hier gleich Killerphrase) einzuwerfen: „Der ist aber ganz schön teuer."

Und wie verhält sich der geschulte Verkäufer?

Vorschlag 1	Entwaffnung durch die Gegenfrage

„Teuer in Bezug worauf?"

Nun nennen Sie ein vergleichbares Fahrzeug – und jetzt kann der Verkäufer tatsächlich <u>vergleichen</u> und somit die Unterschiede darlegen. Er hat damit die besseren Karten.

Durch diese Gegenfrage erreicht er, dass Sie sich präziser ausdrücken müssen.

Das Wort ‚teuer' ist relativ. Was ist schon teuer? Für jeden kann teuer etwas anderes bedeuten.

Sind fünf Euro viel? Für ein Brötchen? Für eine Fahrt von Berlin nach München? Nein. Schafft es der Verkäufer nun, dass Sie sich in Ihrer Aussage konkretisieren, kann er Unterschiede deutlich machen. Beispielsweise sagen Sie „Teurer im Vergleich zu einem Kleinwagen."

Der Verkäufer nutzt die Chance, und nennt Ihnen die Vorteile des Sportwagens im Vergleich zum erwähnten Kleinwagen. Er ist also weg von dem Gedanken des Geldes.

Vorschlag 2	Entwaffnung durch die Isoliertechnik

„Nehmen wir mal an, Geld spielte keine Rolle ... Dann wäre es doch trotzdem ein begehrenswertes Fahrzeug, oder?"

Ja, natürlich. Also lässt sich nun – ohne den finanziellen Aspekt – weiter den Verkaufsargumenten folgen.

Auch hier ist es dem Verkäufer wieder gelungen, den Einwand des Geldes auszuklammern. Natürlich mag das Auto teuer sein, vielleicht auch etwas zu teuer als geplant für Sie.

Der Verkäufer hat es geschafft, den Einwand des Geldes zu isolieren. Er ist damit zwar nicht aus der Welt, spielt aber im weiteren Verkaufsgespräch keine direkte Rolle mehr. Der Verkäufer kann seiner Verkaufsstrategie folgen.

| Vorschlag 3 | Entwaffnung durch die Bumerangmethode |

„Gerade durch den relativ auffälligen Preis, kann sich nicht jeder dieses ausgezeichnete Fahrzeug leisten. Damit zeigen Sie etwas ganz Besonderes ..."

Wer will nicht etwas Besonderes sein? Hier ist der Verkäufer ganz geschickt vorgegangen. Er hat Ihre Killerphrase als Aufhänger genutzt und wirft sie Ihnen sozusagen wieder zurück. Daher auch der Name Bumerangmethode.

Der Verkäufer bestreitet also gar nicht, dass der Sportwagen relativ teuer ist. Im Gegenteil. Er wandelt diesen Einwand zu seinem Vorteil. Und schon, aus Sicht des Verkaufsgesprächs, lässt sich kaum ein weiterer Einwand wegen des Preises finden.

Eine vergleichbare Situation konnte mit den Beispielen der drei Varianten der Einwandbehandlung ausgehebelt werden.

Übungen zur Einwandbehandlung

Jetzt sind Sie an der Reihe. Hier sind einige typische Beispiele.

Stellen Sie sich eine Idee vor. Sie wollen Ihrem Vorgesetzten diese Idee vorstellen. Ihr Vorgesetzter kontert mit einer der folgenden Killerphrasen.

Formulieren Sie aus, wie Sie die Killerphrase entwaffnen. Versuchen Sie, die drei Techniken Gegenfrage, Isoliertechnik und Bumerangmethode jeweils umzusetzen. So werden Sie schnell merken, mit welcher Technik Sie am besten fahren.

Die Technik, die Ihnen am meisten Kopfzerbrechen macht, sollte in einer zweiten Runde deutlicher trainiert werden. Wechseln Sie bei den eingesetzten drei Techniken gut ab, sonst wird es auf Dauer langweilig und durchschaubar.

„Das hat noch nie funktioniert."	„Dafür haben wir keine Zeit."
„Dass ausgerechnet Sie das sagen."	„Von Ihnen hätte ich das nicht erwartet!"
„Das ist zu teuer."	„In Deutschland (oder anderswo) geht das nicht."
„Das klappt sowieso nicht!"	„Dafür ist unser Unternehmen zu groß/zu klein."
„Nur so kann das funktionieren!"	„Bringt ja sowieso nichts."
„Das ist noch nicht ausgereift!"	„Das hat schon Ihr Vorgänger versucht."
„Das war schon immer so."	„Da hat sich schon Frau X die Zähne dran ausgebissen."
„Das geht in unserer Firma nicht."	„Steht in keiner Relation."
„Blödsinn! (typische Politiker-Phrasen: Schwachsinn, Quatsch, Unsinn und so weiter)!"	„Da kriegen Sie nie die Zustimmung (vom Vorgesetzten, vom Chef, vom Vorstand)."

„Dazu haben wir kein Know-how."	„Sowieso alles Mist."
„Absolut nicht machbar."	„Das brauchen wir gar nicht erst zu probieren."
„Das können wir sowieso nicht."	„Wir leben doch nicht mehr im Mittelalter."
„Früher hat's auch so geklappt."	„Das haben wir so noch nie gemacht."
„Alles so neumodische Dinge."	„Versuchen Sie das mal mit unseren Mitarbeitern."
„Da kann doch keiner was mit anfangen."	„Unmöglich!"
„Da fehlen uns die Maschinen."	„Haben gerade Wichtigeres zu tun."

Gesprächs-Taktik bei Störungen im Dialog

Geschulte Verhandlungspartner versuchen immer wieder, den Gesprächspartner zu verwirren beziehungsweise zu manipulieren. Sie erhoffen sich damit einen Vorteil im Gesprächsverlauf. Zum Beispiel etwas günstigere Konditionen, zusätzliche Leistungen oder Ungeplantes, was die eigenen Kosten ansteigen lässt.

In Meetings mit Teilnehmern, die unter Konkurrenzdruck untereinander stehen, nutzt manch einer die Chance, seinem Vorgesetzten zu zeigen, dass er ‚besser' in der Materie ist als der Kollege. Gerade der Jüngere, der noch nicht so lange im Unternehmen ist, riskiert auf diese Art und Weise, seine eigene Position nicht aufbauen zu können.

Damit Sie selbst keinen Nachteil erzielen oder im schlechten Licht dastehen, sollten – oder genauer müssten – Sie sofort und vernünftig reagieren. In Folge einige Beispiele möglicher Störungen und den Umgang mit ihnen.

Beispiel 1	Alter und Erfahrung

Der ältere Kollege äußert zwischendurch: „Ihre Erfahrung ist einfach zu gering."

Dabei zielt er auf Ihr Alter ab beziehungsweise darauf, dass Sie noch nicht so lange im Unternehmen sind und deshalb Lücken in den Erfahrungen haben müssen. Selbst wenn es so ist, können Sie nichts dafür. Jeder ist so alt wie er ist.

Dass derjenige, der schon länger im Unternehmen arbeitet, mehr Erfahrung in seinem Bereich haben sollte, ist ebenso anzunehmen und nachvollziehbar.

Wie reagieren Sie? Eine Möglichkeit ist, dass Sie auf diese Störung überhaupt nicht eingehen. Fahren Sie einfach mit Ihrer Ausführung fort. Alternativ können Sie die Bumerangmethode einsetzen: „Gerade weil ich so jung bin, betrachte ich die Aufgabe aus einer ganz anderen Perspektive."

Beispiel 2	Fachwörter und Fremd-wörter

Der ältere Kollege nutzt im Meeting gerne Fachwörter oder Fremdwörter, die Ihnen noch nicht ganz geläufig sind. Viele Ihrer Kollegen sagen jetzt gar nichts, da sie durch eine Nachfrage offenbaren würden, dass ihnen ein gewisses Wissen fehlt. Sie würden demnach Schwäche zeigen.

Tatsächlich können Sie durch die Nachfrage diese scheinbare Schwäche zur Stärke werden lassen.

Zum Beispiel so: „Was genau verstehen Sie unter xxx." Oder: „Bitte, übersetzen Sie mir das Fremdwort xxx." Sollte das häufiger passieren, wird Ihr Kollege in Zukunft entweder weniger Fachvokabular benutzen oder dieses sofort erklären.

Beispiel 3	**Unterbrechungen**

Sie haben sich für Ihre Ausführungen eine gut durchdachte Argumentations-Kette überlegt. Dieser folgen Sie nun. Ihr Kollege unterbricht Sie aber immer wieder.

Dadurch kommt Ihr ‚dramaturgischer Aufbau' ins Wanken. Das darf nicht sein. Gehen Sie jedes Mal auf die Unterbrechungen ein, übernimmt Ihr Kollege die Gesprächsführung und zwar zu Ihrem Nachteil.

Deshalb können Sie ganz anders vorgehen. Bei der nächsten Unterbrechung reagieren Sie einfach nicht verbal. Sagen Sie einfach nichts.

Legen Sie eine Pause in Ihren Ausführungen ein. Ist Ihre Pause ‚hörbar' genug, stellen Sie folgende rhetorische Frage: „Ich darf doch jetzt sicher fortfahren?"

Beispiel 4	**Extremfälle**

Ihr Kollege schafft es, immer wieder einzelne Beispiele einzuwerfen, die Extremfälle aufzeigen. „Meiner Schwiegermutter ist es auch einmal passiert, dass sie im Geschäft von einem Verkäufer übers Ohr gehauen werden sollte."

Damit will der Kollege zeigen, dass alle Verkäufer die Kunden über den Tisch ziehen wollen. Er verallgemeinert mit seiner Aussage.

Lassen Sie diese Verallgemeinerung unkommentiert stehen, wird es schwierig für Sie, gute Argumente für seriöse Verkaufstechniken aufzuzeigen.

Deshalb reagieren Sie zum Beispiel so: „Sicherlich gibt es immer wieder unangenehme Einzelfälle. Die meisten Verkäufer, die ich kenne, gehen in ihrer Arbeit allerdings seriös vor. Legen wir in den folgenden Überlegungen diese Seriosität zugrunde."

Beispiel 5	Statistische Angaben

Ihr Kollege wirft gerne statistische Angaben ein, ohne die Quellen zu benennen. „90 Prozent aller Menschen wollen doch gar keine Werbung sehen."

Wie wollen Sie in der aktuellen Meeting-Situation die genannte Zahl bestätigen beziehungsweise hinterfragen? Wird die Zahl nicht in Zweifel gezogen, bleibt sie in Folge im Raum stehen. Das bedeutet konkret, dass alle weiteren Verhandlungspunkte auf dieser – möglicherweise angenommenen – Zahl aufbauen.

Fragen Sie deshalb klärend: „Woher kommt diese Zahl der 90 Prozent?"

Nun müsste Ihr Kollege ganz konkret sagen können, wo er diese Zahl gehört beziehungsweise gelesen hat. Das wird ihm kaum möglich sein. Vielleicht versucht er sich wie folgt herauszuwinden: „Das habe ich irgendwo vor ein paar Tagen gelesen."

Ihre Reaktion: „Dann mailen Sie uns doch bitte demnächst die Quelle. Vorerst gehen wir weiter davon aus, dass die meisten Menschen sehr wohl auf Werbung reagieren."

Mental fit bleiben im Gespräch

Diese Beispiele zeigen deutlich, wie schnell ein Gesprächspartner den Gesprächsverlauf beeinflussen kann. Lassen Sie sich nicht das Zepter aus der Hand nehmen. Bleiben Sie bei aller Schlagfertigkeit souverän, glaubwürdig und sauber in Ihren Aussagen.

Nehmen Sie sich gelegentlich die Zeit, um die eine oder andere Talk-Runde zu analysieren. Sie werden bestimmt schnell merken, welcher Gesprächsteilnehmer es durch verbale Störungen immer wieder schafft, den Gesprächsablauf zu stören oder, noch schlimmer, es hinkriegt, dass der ursprünglich Gefragte überhaupt zu keiner Antwort kommen kann.

Andererseits schafft der Störer, dass er selbst keine vernünftigen Antworten gibt und sich geschickt, aber trotzdem schwammig, durch das Gespräch windet.

Gewöhnlich gibt es in solch einer Gesprächs-Runde eine Moderatorin oder einen Moderator. Deren Aufgabe ist es, die Moderation zu lenken und gestellte Fragen auch konkret beantworten zu lassen.

Einige Moderatoren sind hier besser trainiert als andere. Geschulte Gesprächsteilnehmer erkennen die Schwächen des Moderierenden sofort. Sitzen Sie als Teilnehmer in solch einer Runde – und jetzt wird wieder das Bild in einem klassischen Meeting in einem Unternehmen gewählt – und die Gesprächsleitung schafft hier nicht saubere Verhältnisse, greifen Sie nach oben gezeigten Mustern selbst ein.

Schließlich geht es um Ihre Ideen, Vorschläge oder Argumente. Guten Erfolg.

Das Warum-Spiel – Warum ist die Banane krumm?

Sie kennen bestimmt die oft gestellte Frage: „Warum ist die Banane krumm?" Aufgeklärte wissen, dass die Banane an der Bananenhand nach oben, zum Licht wächst. Aber – da wäre die Übung zu einfach.

Kinder nerven Erwachsene manchmal dadurch, dass sie nach jeder Antwort immer wieder mit ‚warum' nachfragen und die Erklärenden fast zur Verzweiflung bringen.

Spielen Sie das Spiel mit einem virtuellen Mitspieler oder mit einer anwesenden Person.

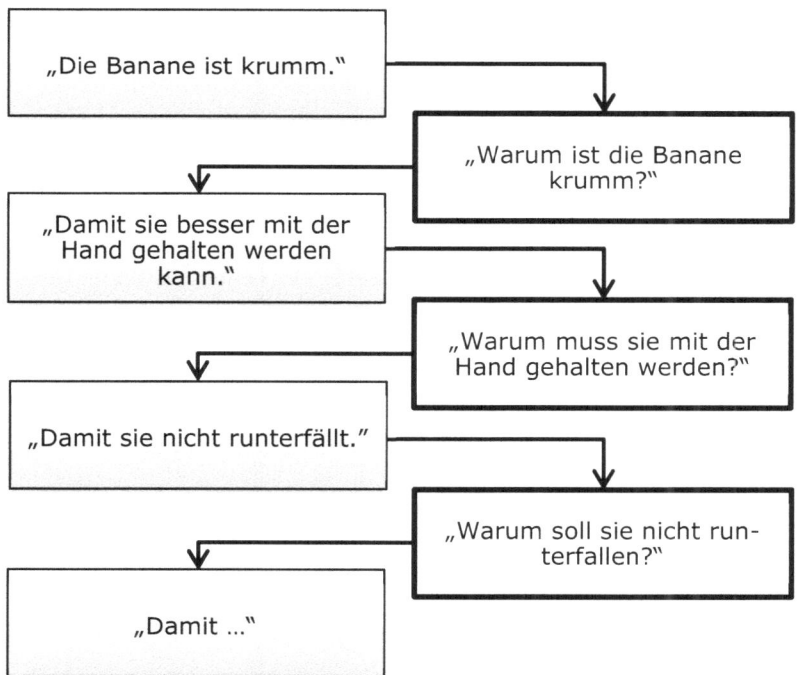

Nicht umsonst sollte in üblichen Gesprächen das aggressiv wirkende Wort ‚warum' durch ‚weshalb' ausgetauscht werden.

Paradigmenwechsel

Ein Paradigma ist eine Art Denkrahmen, in dem sich ein Mensch (gedanklich) bewegt. Manchem fällt es schwer, über den eigenen ‚Tellerrand' – hier Denkrahmen – hinaus zu schauen.

Schafft es jemand, sich in die Gedankenwelt eines Gegenübers zu versetzen, kann er besser dessen Verhalten verstehen. Er erkennt, unter welchen Werten, Vorstellungen, manchmal auch Ängsten der andere argumentiert.

So wird klar, weshalb unterschiedliche Meinungen vertreten werden und es zu einem Konflikt kommen kann.

Bringen Sie Energie und Empathie auf, sich (kurzzeitig) in die Gefühlswelt des Gegenübers zu versetzen, können Sie dessen Argumentation besser verstehen.

Im Sinne der Schlagfertigkeit können Sie unter Umständen erahnen, welche Einwände Ihr Gesprächspartner anbringen wird.

So sind Sie gewappnet und können vorbereitet in einen Schlagabtausch treten.

Übung zum Paradigmenwechsel

Sie kennen bestimmt das Märchen ‚Schneewittchen und die 7 Zwerge'.

Wird das Märchen analysiert, kommen manche Wissenschaftler auf interessante Gesichtspunkte. Hier soll folgende Überlegung zugrunde gelegt werden.

Im späten Mittelalter bis ins 19. Jahrhundert hinein, kamen Menschen aus fremden Ländern zur Suche nach Bodenschätze in die deutschen Gebirge.

Sie wurden als ‚Walen' (stellvertretend für ‚Ausländer') oder als ‚Venediger' (aus der Stadt Venedig kommend) bezeichnet. Die thüringische Namensgebung ‚Erzmännchen' verrät, wonach die Bergmänner suchten: Erze, andere Mineralien, Edelsteine.

Die Bergleute traten in kleinen Grüppchen auf, redeten (verständlicherweise) fremdartig und lebten als verschworene Gemeinschaft nahe ihrer Abbaustelle in Hütten.

Da sie unter Tage arbeiteten, eigneten sich kleiner gewachsene Menschen besser für diese schweißströmende Tätigkeit.

Natürlich wurden sie kritisch von den Einheimischen beäugt, sodass sich schnell allerlei Gerüchte um diese Personengruppe aufbauten.

Das böse Schneewittchen?

Nun zu Schneewittchen. Traf sie unter Umständen auf diese (kleiner gewachsenen und als Zwerge bezeichneten) Menschen in der Hütte?

Im Märchen bilden alle eine Art Symbiose. Für die Paradigmenwechsel-Übung wird folgende Annahme unterstellt: Schneewittchen ist nicht mehr so lieb, wie im Märchen beschrieben.

Der Schwierigkeitsgrad dieser Übung ist hoch.

Annahme 1	Moderne Sklaventum?
Schlüpfen Sie in die Rolle der ‚Zwerge' oder eines Sprechers der Sieben. Gegenseite: Schneewittchen.	Argumentieren Sie, dass Sie von Schneewittchen angehalten würden, die Erde auszubeuten. Täten Sie es nicht, würde Schneewittchen Sie an die Obrigkeit verraten.

Annahme 2	Diskriminierung der Männer?
Vertreten Sie die Argumente der Zwergen-Seite. Gegenseite: Vertreterin von Frauenrechten.	Sie legen dar, wie Sie und ihre Freunde diskriminiert werden, zur Arbeit (auch zum Haushalt und zur Gartenarbeit) gezwungen sind, während sich Schneewittchen ein schönes, bequemes Leben zu Ihren Lasten gönnt. Schneewittchen ist sich nicht zu schade, Sie zu bestrafen.

Annahme 3	Versteckte Polygamie?
Sie sind Sprecher der Zwerge. Gegenseite: Dorfbewohner.	Ein heißer Gedanke: Sie und Ihre Zwergen-Freunde haben sich alle in Schneewittchen verliebt. Sie bilden eine moderne Form des Zusammenlebens mit sexueller Freiheit. Schneewittchen ist mit allen liiert. Außenstehende finden dieses Verhalten als widerlich.

In allen drei Annahmen überlegen Sie sich die Argumente aus Sicht der Rolle der Zwerge. Ein virtuell anderer Mitspieler (oder Sie spielen die Übung direkt zu zweit) versucht durch Einwände, Killerphrasen, gegenseitige Behauptungen und so weiter Ihre Argumente kaputtzumachen.

Zeigen Sie Ihre Schlagfertigkeit – auch mithilfe der oben gezeigten Taktiken. Viel Vergnügen.

Teil 4 – Stegreif

Überzeugen nach kurzer Vorbereitung

Aus dem Steigbügel handeln

*Schlagfertigkeit ist der höchste Grad des Verstandes,
denn er lässt auf die rascheste und kühlste Weise Genius
in einem Augenblick sichtbar werden, da die Leidenschaften erhitzt sind.*
Charles Caleb Colton, englischer Aphoristiker und Essayist
(1777 - 1832)

Reden aus dem Stegreif

Tja, da ist nichts mit perfekter Vorbereitung. Aber ein entsprechendes, allgemeines Training ist möglich.

Es wurde festgehalten, dass eine spontane Handlung in der Regel eine gewisse, kurze Vorbereitungszeit hat. Weiter, dass aufgrund des Anlasses (Jubiläum, Meeting, Dialog) eine gewisse Beziehung zur räumlichen Umgebung und eine deutliche Beziehung zum Gegenüber oder Gastgeber gegeben sind.

Das menschliche Gehirn erlaubt, dass Sie unglaublich schnell denken und handeln können. Eine stundenlange Vorbereitung auf eine Aktion ist demnach nicht immer notwendig.

Werden Sie aufgefordert, eine Spontanrede zu halten, so ist dieses zumindest durch die Kapazitäten des Gehirns und des Gedächtnisses zeitlich betrachtet absolut kein Problem.

Die Herausforderung, die sich manchmal zeigt, liegt in der möglichen Nervosität desjenigen, der gleich eine Stegreifrede halten soll. Diese Nervosität beeinflusst die ‚coole' gedankliche Vorbereitung.

Davon ausgehend, dass Sie sprechen können, gilt es nun, in kürzester Zeit ein paar interessante Punkte zu sammeln und diese zu ordnen.

Holen Sie einmal sehr tief Luft. Bleiben Sie ruhig und cool.

Bringen Sie sich einige Daten in Erinnerung und geben Sie ihnen eine gewisse Ordnung. Stichpunkte sind erlaubt – aber nicht unbedingt notwendig.

Übungen zum Stegreif

Hier nun einige Übungen zum Thema Stegreif. Die meisten der Übungen können Sie allein umsetzen.

Die letzte Übung sinnvollerweise zu dritt oder zu viert. Aber auch die anderen Übungen bereiten Spaß, wenn Sie sie mit jemandem zusammen umsetzen.

Wenn Sie wollen, stellen Sie sich vor einen Ganzkörperspiegel. Betrachten Sie ‚nebenbei' Ihre Körpersprache, die generelle Ausstrahlung, den Blickkontakt und so weiter. Wirken Sie unverkrampft – lächeln Sie!

Immerhin wurden Sie gebeten, eine Stegreifrede zu halten. Darin liegt die Zuversicht, dass Sie diese gekonnt umsetzen. Das ist ein Lob vorab für Sie.

Vergangenheit – Gegenwart – Zukunft

Eine gern genutzte Möglichkeit, einer spontanen Rede eine gewisse Ordnung zu geben, zeigt die chronologische Gliederung.

Das, was Sie sagen wollen, wird in einer Zeitachse geordnet. Hervorragend eignet sich hier die Dreiteilung Vergangenheit, Gegenwart, Zukunft.

Bei fast allen Spontanreden kann diese Dreiteilung eingesetzt werden. Sie sollen eine Rede zum Ehrengast halten. Schauen Sie sich dieses Beispiel einer Spontanrede an.

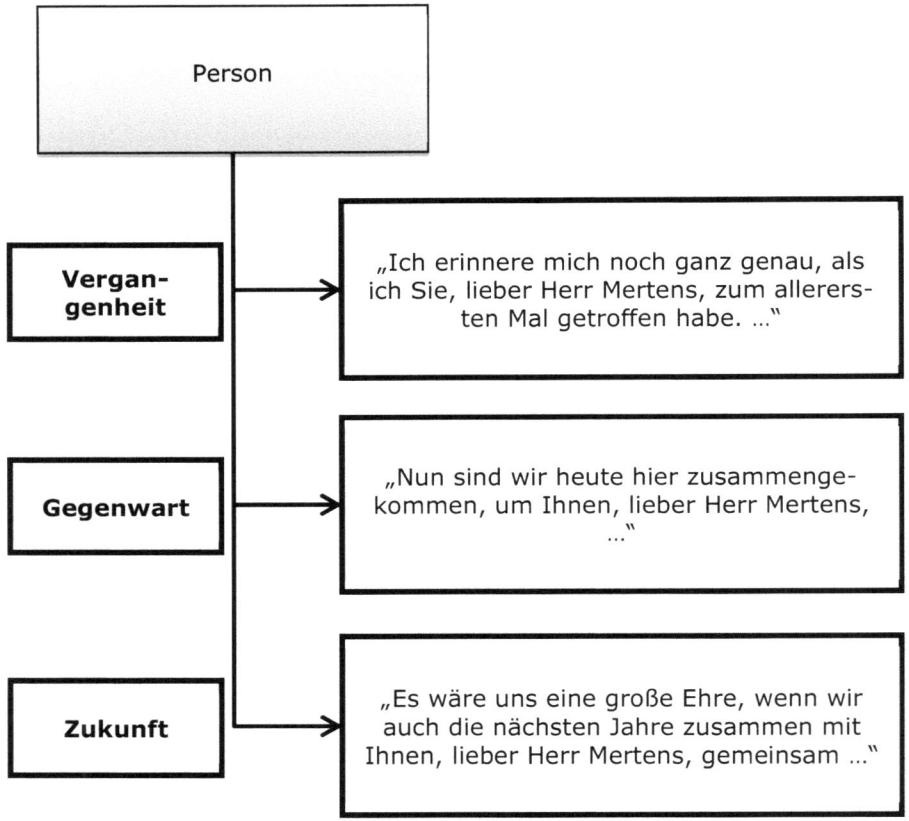

Ruckzuck ist es Ihnen gelungen, eine nachvollziehbare Gliederung in Ihre spontane Rede zu bringen.

Da Sie aufgefordert wurden, eine Rede zu halten, darf davon ausgegangen werden, dass Sie eine (im Regelfall positive) Beziehung zu der Person haben, über die Sie reden sollen. Also kennen Sie die Person. Irgendwann werden Sie sie zum ersten Mal getroffen haben. Schon haben Sie die Basis für Ihre Rede.

Im zweiten Teil (der Gegenwart) beziehen Sie sich auf den aktuellen Anlass, zu dem die Gäste zusammengekommen sind. Der dritte und letzte Teil widmet sich dem Gedanken an eine (gemeinsame) Zukunft.

Obwohl die Anlässe sicherlich verschieden sein können, wird in der Regel positiv über die zu ehrende Person gesprochen. Sollte eine Differenz oder eine Schwierigkeit angesprochen werden, so lässt sich diese schönmalerisch als Herausforderung darstellen.

Vor allem soll die Rede positiv im Gedächtnis bleiben, weshalb speziell der dritte Teil eine angenehme Zukunftsaussicht verspricht. Wird über eine Institution gesprochen, können Sie vergleichbar vorgehen.

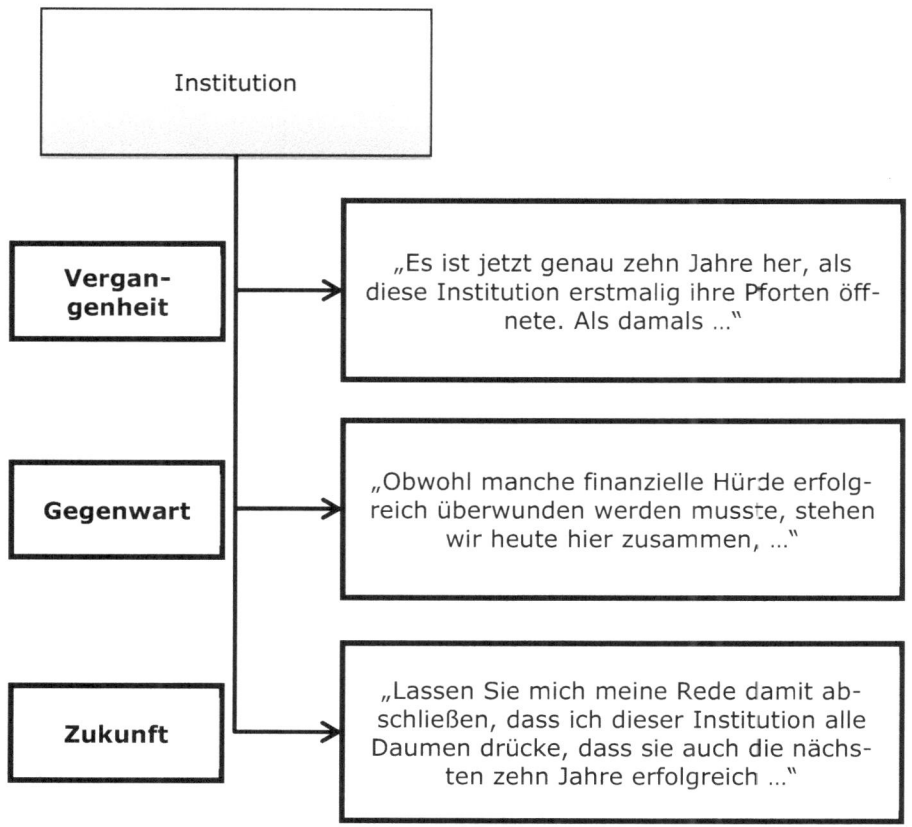

Die beiden gezeigten Beispiele einer Spontanrede können bereits der erste Schritt zu einer Übung für Sie sein.

Bestimmt gibt es unzählige Situationen, in denen eine Rede auf einen besonderen Menschen denkbar ist. Beim Zusammensein eines erfolgreich abgeschlossenen Kurses, bei der Gratulation zur mehrjährigen Zusammenarbeit mit einem Kollegen, bei (Geburtstags-)Feiern aller Art, bei Auszeichnungen, in Vereinen, einfach nur so bei nettem Zusammensein, allerdings auch bei Begräbnissen und vielen, vielen anderen Gelegenheiten ebenso.

Jetzt sind Sie dran. Reden Sie über …

Partner/in	Elternteil
Lehrer/in auf 20-jähriger Abi-Feier	Studierenden bei Diplom-Übergabe
Kollege/in bei 10-jährigem Jubiläum	Geschwister
Nachbar/in für die Ausrichtung des Gartenfests	Freund/in bei Geburtstagsfeier

Lobrede – Zu Ehren von …

Bei einer Lobrede beziehungsweise einer Laudatio (aus dem Lateinischen ‚laudare' für preisen oder loben) gibt es den Laudator und den Laureat.

Der Laudator ist derjenige, der die Lobrede hält. Er ehrt den Laureaten. Der Laureat ist demnach die geehrte Person.

Eine Laudatio ist in der Regel gut vorbereitet, fällt demnach kaum in die Gruppe der Stegreifreden.

Manchmal hat der Laureat ebenso eine Rede vorbereitet. Trifft ihn die Auszeichnung eher unerwartet, werden von ihm anschließend wenigstens ein paar Worte erwartet. Und hier kann es sein, dass eine Stegreifrede fällig ist.

Ihre Vorbereitungszeit ist demnach höchstens so lange, wie die Lobrede dauert. Nun sind Sie doppelt gefordert: Zum einen sollen Sie selbstverständlich zuhören, was der Laudator über Sie sagt. Hier gibt es möglicherweise das eine oder andere Stichwort, das Sie aufgreifen können, um es in Ihre Rede passend einzusetzen.

Nun zur Übung: Überlegen Sie einmal, wo Sie in solch eine Situation geraten könnten. Stellen Sie sich vor, was der Laudator über Sie beziehungsweise zu Ihnen reden wird. Dann formulieren Sie Ihre eigene Rede. In der Übung genügt es, wenn Sie diese nur ‚gedacht' ausformulieren. Sie müssen sie nicht aufschreiben. Soll Ihre Übung intensiver werden, sprechen Sie leise vor sich her.

Bei dieser Vorgehensweise merken Sie deutlicher, wenn Sie sich verhaspeln oder Sätze bauen, die nicht oder nur schwer zu verstehen sind.

Übungen dieser Art nehmen nicht viel Zeit in Anspruch und können an vielen Stellen problemlos umgesetzt werden. Überwinden Sie damit Wartezeiten oder Fahrzeiten und profitieren Sie von diesem Training.

Wieder Ihr Part. Jemand erwartet eine kurze Dankesrede, nachdem Sie gelobt wurden.

Ernennung zum Sport-Captain	Bei 15-jähriger Betriebszugehörigkeit
Bei der Überreichung eines Pokals	Beim Erhalt einer Auszeichnung
Geburtstag	Ausscheiden aus dem Arbeitsverhältnis
Silberhochzeit	50ster Geburtstag

Stegreifrede – Weshalb ist die Kuh lila?

Die nächste Übung ist etwas anspruchsvoller. Im Gegensatz zur ersten Übung, in der Sie sich eine reale Situation vorstellen können, ist in der folgenden viel deutlicher die Kreativität gefragt.

Die hier vorgestellte Übung wird zur Freude der meisten Teilnehmer in Seminaren und Workshops sehr gerne umgesetzt. Gerade die wirklich kreativen Formulierungen kommen am besten an. Es wird viel gelacht und mancher wundert sich über die Kreativität des Stegreifredners: „Darauf wäre ich nie gekommen."

Wählen Sie im Anschluss einen der unten aufgelisteten Titel. Halten Sie spontan einen (sinnvollen) Vortrag zu diesem Titel. Angepeilte Zeit aus dem Stegreif ca. drei Minuten.

In der Seminarsituation erhalten die Teilnehmer das Thema erst dann, wenn sie vor der Gruppe stehen. Dadurch reduziert sich die Vorbereitungszeit tatsächlich auf wenige Sekunden.

Hier im geschriebenen Text haben Sie ganz andere Voraussetzungen. Sie können sich ein Thema aussuchen und während Sie es sich aussuchen, arbeitet Ihr Gehirn bereits und sucht nach Lösungen.

Alternative: Sie schließen die Augen, tippen blind auf die Unterlage und nehmen das so ausgesuchte Thema als Vortrags-Thema.

Solche Übungen helfen ebenso dabei, langweilige Wartezeiten zu überbrücken. Sie sind ein gutes Training für die Gehirnzellen und für einen möglichen praktischen Stegreif-Auftrag.

Zuerst sollen zu einem Thema drei Beispiele gegeben werden. Das Thema lautet: „Wofür ein Loch gut ist."

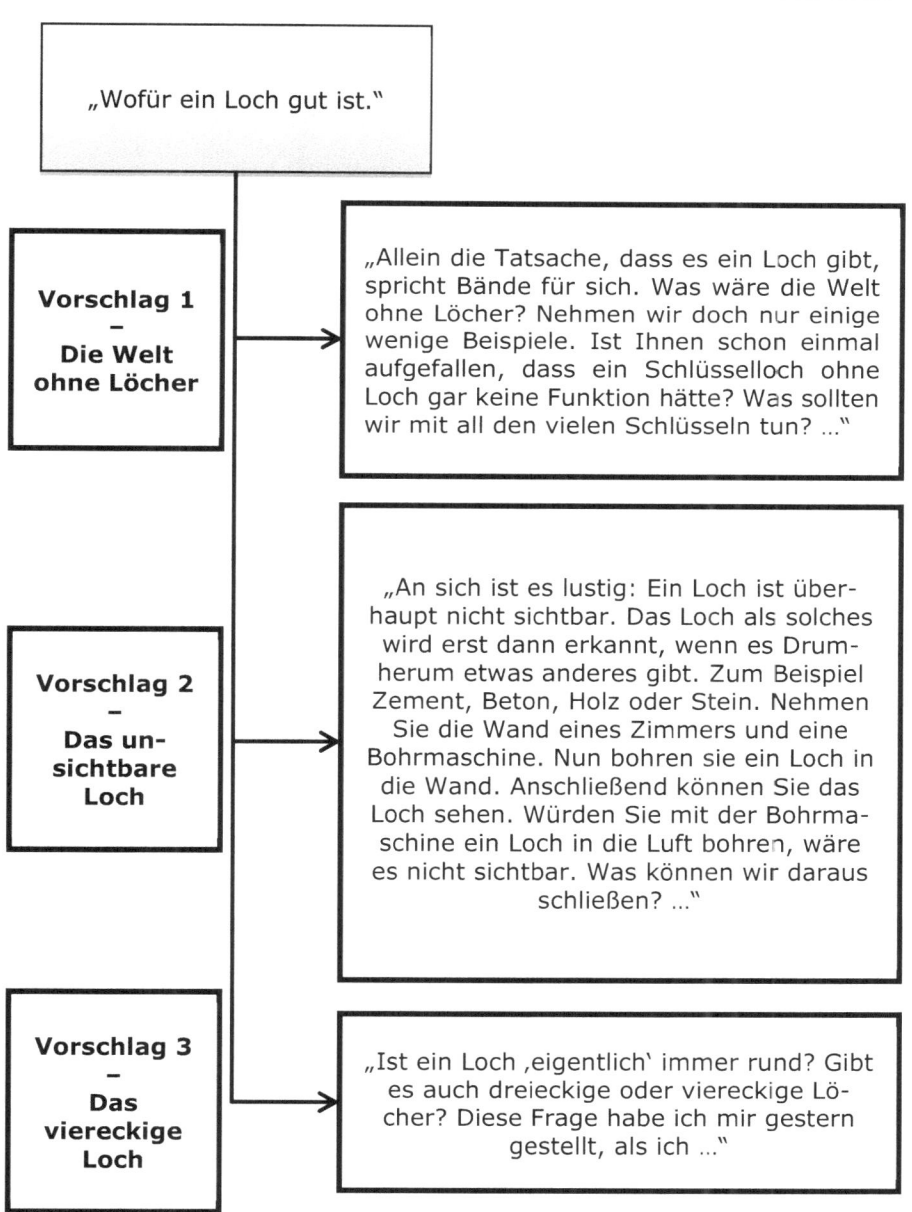

„Wofür ein Loch gut ist."

Vorschlag 1
–
Die Welt ohne Löcher

„Allein die Tatsache, dass es ein Loch gibt, spricht Bände für sich. Was wäre die Welt ohne Löcher? Nehmen wir doch nur einige wenige Beispiele. Ist Ihnen schon einmal aufgefallen, dass ein Schlüsselloch ohne Loch gar keine Funktion hätte? Was sollten wir mit all den vielen Schlüsseln tun? ..."

Vorschlag 2
–
Das unsichtbare Loch

„An sich ist es lustig: Ein Loch ist überhaupt nicht sichtbar. Das Loch als solches wird erst dann erkannt, wenn es Drumherum etwas anderes gibt. Zum Beispiel Zement, Beton, Holz oder Stein. Nehmen Sie die Wand eines Zimmers und eine Bohrmaschine. Nun bohren sie ein Loch in die Wand. Anschließend können Sie das Loch sehen. Würden Sie mit der Bohrmaschine ein Loch in die Luft bohren, wäre es nicht sichtbar. Was können wir daraus schließen? ..."

Vorschlag 3
–
Das viereckige Loch

„Ist ein Loch ‚eigentlich' immer rund? Gibt es auch dreieckige oder viereckige Löcher? Diese Frage habe ich mir gestern gestellt, als ich ..."

Und nun sind Sie, liebe Leserin, lieber Leser, an der Reihe. Viel Spaß.

Weshalb die Kuh lila ist.	Weshalb in mancher Schüssel ein Sprung ist.
Weshalb der Rhein Rhein heißt, und nicht Rhaus.	Weshalb die Autoschlange keinen Winterschlaf hält.
Die Vorteile des Buchstaben M.	Weshalb es keine runde Staats-flagge gibt.
Die Vorteile der Farbe Rot.	Welches sind die Vorteile einer Kugel?
Weshalb es China heißt, und nicht Chino.	Weshalb Fliegen ,Fliegen' heißen.
Weshalb es heißt: Der Himmel, aber die Hölle.	Weshalb ist die Banane krumm?
Die Vorteile des Nichts.	Weshalb eine Wurst zwei Enden hat.
Weshalb es das Wort mrpf nicht gibt.	Weshalb macht die Kuh muh?
Weshalb manche Menschen nicht bis drei zählen können.	Weshalb eine Uhr geht.
Weshalb es nur sechs Kontinente gibt.	Weshalb das Butterbrot mit der Butterseite nach unten fällt.
Weshalb es mehr dumme als in-telligente Menschen gibt.	Weshalb macht eine Schwalbe noch keinen Sommer?
Weshalb niemals die berühmte Erdnussmaschine erfunden wurde.	Weshalb alles ein Ende hat.

Überzeugen – Die ,lahme Gurke' zum Star küren

Nun ist etwas Überzeugungstalent gefordert.

Erklären Sie Ihrem virtuellen Publikum die Vorteile dieses Fahrzeugs. Es heißt Ying555 und scheint nach den folgenden Angaben nicht gerade ein Publikumsliebling zu sein.

Das Modell soll positiv in einer Verkaufspräsentation dargestellt wer-den. Eine der Herausforderungen in dieser Übung liegt darin, dass Sie diese Angaben so drehen, dass sie sich positiv anhören.

Hier die Angaben:

Das neue PKW-Modell Ying555	
Laut ADAC Pannenstatistik auf Negativplatz 3.	Geringes Fassungsvermögen des Kofferraums.
Starke Außengeräusche bei Geschwindigkeiten ab 70 km/h.	Nur in den 3 Standardfarben Weiß, Rot und Schwarz lieferbar.
Ungefälliger Markennamen Ying555.	Keine Extras buchbar.
Hoher Verbrauch von etwa 19.5 Litern Super-Benzin auf 100 km.	

Bereiten Sie sich bitte so vor, dass Sie die oben aufgelisteten Negativ-Punkte positiv darstellen. Beispielsweise könnten Sie so starten.

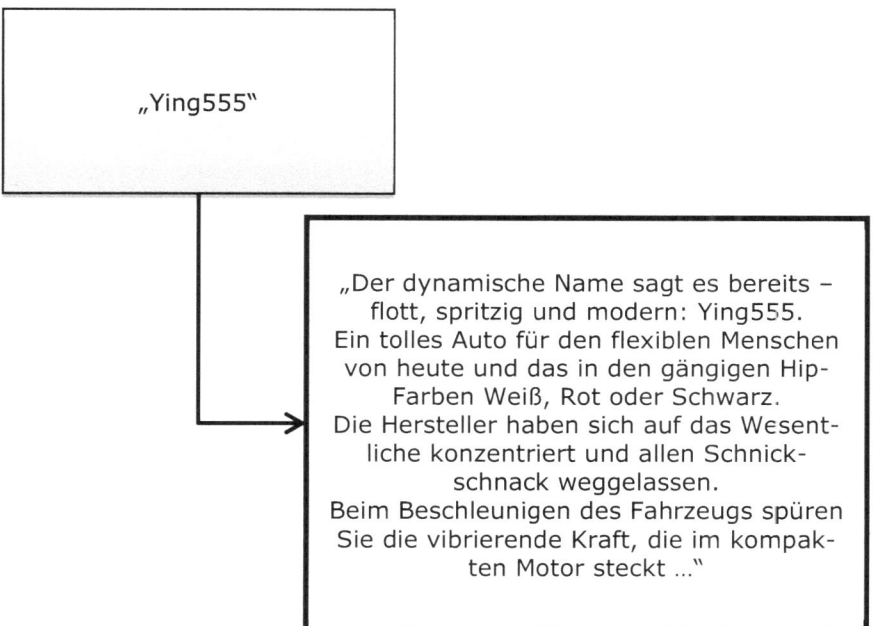

„Ying555"

„Der dynamische Name sagt es bereits – flott, spritzig und modern: Ying555. Ein tolles Auto für den flexiblen Menschen von heute und das in den gängigen Hip-Farben Weiß, Rot oder Schwarz. Die Hersteller haben sich auf das Wesentliche konzentriert und allen Schnickschnack weggelassen. Beim Beschleunigen des Fahrzeugs spüren Sie die vibrierende Kraft, die im kompakten Motor steckt …"

Nun sind Sie an der Reihe.

Schwank – Auf der Alm, da gibt's kei' Sünd'

Sie sitzen mit zwei oder drei Freunden/Freundinnen zusammen. Nutzen Sie die Chance, zusammen einen kleinen lustigen Schwank aus dem Stegreif zu schütteln.

Im Folgenden sind vier Themen vorgeschlagen. Sie werden sehen, dass alle einen regionalen Bezug haben. Sie werden ebenso erkennen, dass aufgrund dieser Regionalität gewisse Stereotypen oder anders ausgedrückt, Vorurteile greifen können. Das leicht überspitzte Darstellen dieser Vorurteile gibt dem Schwank seinen besonderen Reiz.

Vorgehensweise: Wählen Sie in Ihrer Gruppe eine der vorgeschlagenen Rollen aus. Nehmen Sie sich einige Minuten Vorbereitung. In Seminaren genügen hierzu ca. 10 Minuten.

Besprechen Sie mit Ihren Freunden, welche Situation Sie darstellen könnten. Auf große Genauigkeit kommt es hierbei nicht an. Zeigen Sie eine gewisse Flexibilität, die dieser Übung einen weiteren Reiz im Sinne des Stegreifs gibt. Hilfsmittel, Materialien, Kleidungsstücke sind selbstverständlich erlaubt und dürfen mit eingesetzt werden.

Sie werden sehen, dass der verbale Teil und die gleichzeitig eingesetzte Körpersprache dem Schwank die Dynamik verleiht. Da es kein ‚Falsch' und kein ‚Richtig' in der Darstellung gibt, sind Ihrer Kreativität höchstens zeitliche Grenzen gegeben. Die Vorführung selbst kann 3 bis 5 Minuten in Anspruch nehmen.

Noch lustiger kann es werden, wenn zwei (oder mehrere) Teams gegeneinander antreten.

Und hier die vier Themen. Mit welchem wollen Sie beginnen?

Thema 1	**Auf der Alm, da gibt's kei' Sünd**

Mitspieler/innen:	Resi/Franzl – Bäuerin/Bauer Zensi – Magd Sepp – Jungbauer
Ort:	‚Gute' Stube eines Bauernhauses

Thema 2	**Äppelwoi un Bembel**

Mitspieler/innen:	Schorch – Schankwirt Bea – Tochter des Schankwirts Arno Weber/Ketti Schulz – Gast
Ort:	Alt-Mainzer Kneipe

Thema 3	**Auf der Reeperbahn**

Mitspieler/innen:	Hein – Schutzmann Lilly/Marlen – Verdienen sich Taschengeld Knut – Matrose
Ort:	Hamburger Reeperbahn

Thema 4	Mer losse d'r Dom in Kölle

Mitspieler/innen:	Jupp – Kölner Kerstin – Kölnerin Herr/Frau Zille – Berliner zu Besuch
Ort:	Auf dem ‚alter Markt' in Köln

Das Perpetuum Mobile

Die lateinische Bezeichnung für Perpetuum Mobile steht für ‚sich ständig Bewegendes', ohne zusätzliche Energiezufuhr von außen.

Das Perpetuum Mobile wird einmal in Gang gesetzt und arbeitet dann unendlich in gewünschter Form weiter.

Obwohl Physiker logisch belegen können, dass aufgrund bestimmter Naturgesetze solch ein Perpetuum Mobile niemals existieren könnte, haben sich zahlreiche kreative Erfinder mit der Entwicklung solch einer Maschine beschäftigt.

Ihre Übung (Schwierigkeitsgrad hoch): ‚Erfinden' Sie eine Art Perpetuum Mobile (gerne abweichend vom Ursprungsgedanken auch mit geringer Energiezufuhr), das Sie Geldgebern präsentieren wollen.

Dummerweise werden die kritischen (virtuellen) Geldgeber oder tatsächliche Mitspieler allerlei konstruktive (!) Einwände und Fragen haben, auf die Sie aus dem Stegreif vernünftig eingehen sollen.

Die Einwände der Geldgeber sollen nicht destruktiv (kaputtmachend) sondern konstruktiv (fördernd) sein. Immerhin haben die Geldgeber grundsätzlich Interesse am Perpetuum Mobile.

Sie wollen sich lediglich die größtmögliche Sicherheit geben.

Der Ablauf für Ihre Übung:

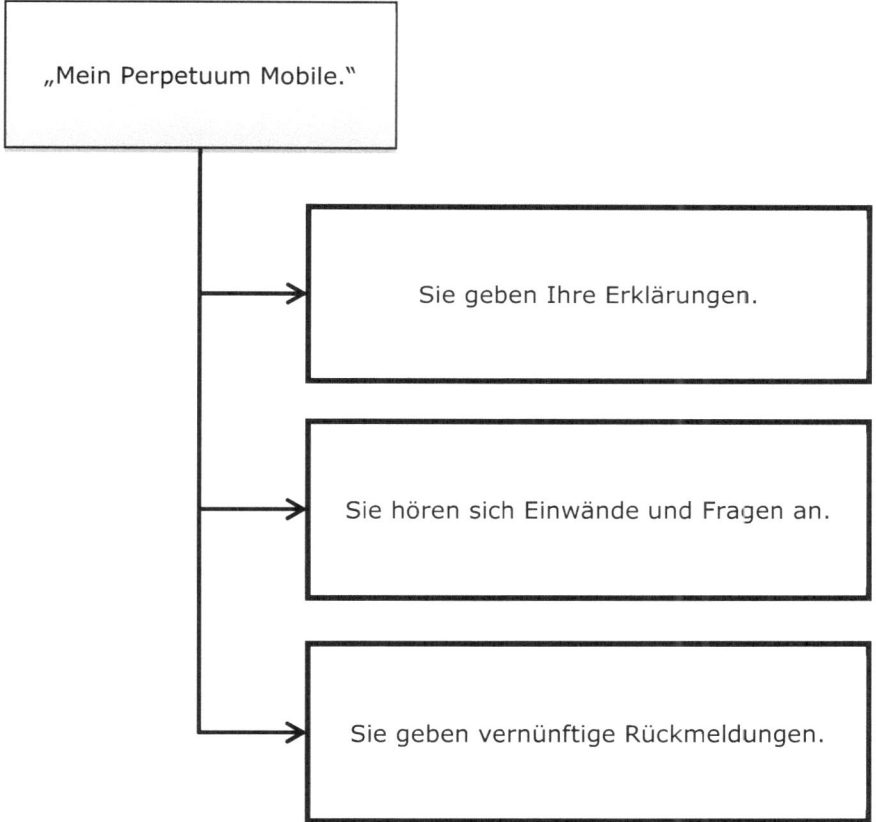

„Mein Perpetuum Mobile.“

Sie geben Ihre Erklärungen.

Sie hören sich Einwände und Fragen an.

Sie geben vernünftige Rückmeldungen.

Teil 5 – Sicheres Auftreten

Aufstehen und Profil zeigen

Wer sich bewegt, hat die Zügel in der Hand

Sitzenbleiben schützt allerdings gegen die Gefahr zu fallen.
Christian Friedrich Hebbel, dt. Lyriker
(1813 - 1863)

Das große Finale

Da hat Herr Hebbel eindeutig recht. Derjenige, der sich nicht bewegt beziehungsweise nicht aufsteht, unterliegt auch nicht der Gefahr, dass er umfällt. Wer sich nicht bewegt, kommt allerdings auch nicht vom Fleck.

Sie liebe Leserin, lieber Leser haben sich entschieden, sich sehr wohl zu bewegen. Wohl wissend, dass es ein Restrisiko gibt, umzufallen.

Auf den vorigen Seiten wurden Ihnen die Unterschiede zu unseren drei Themenbereichen gezeigt. In allen drei Bereichen gab es Übungen, die Sie durchlaufen konnten, um sich entsprechend zu trainieren.

Damit sind Sie schon ein ganz großes Stück weiter als viele Untrainierte.

Übung Spontaneität, Schlagfertigkeit, Stegreif

Eingangs wurde beschrieben, dass sich die drei Bereiche überschneiden. Deshalb soll hier abschließend eine Übung vorgeschlagen werden, bei der mehrere Mitspieler teilnehmen können, auch online. Die Übung vereinigt die Fähigkeiten, die in den Kapiteln Spontaneität, Schlagfertigkeit und Stegreif beschrieben und trainiert wurden.

Der Schwierigkeitsgrad der Übung für den Moderator/Spielleiter/Richter ist hoch.

Die Anhörung vor Gericht – So eine Schweinerei!

In Seminaren und Workshops erfreut sich diese Übung großer Beliebtheit, vor allem dann, wenn die Mitspielerinnen und Mitspieler trotz der gewünschten Unterstellungen ‚seriös‘ ihre Rolle spielen.

Dadurch ergeben sich immer wieder neue Hinweise oder Erkenntnisse, die den weiteren Spielablauf beeinflussen.

Neben vielen ‚Zeugen‘ benötigen Sie eine Richterin beziehungsweise einen Richter. Diese Person übernimmt sozusagen die Spielleitung und kennt im Vorfeld als einzige alle Rollen und alle Vorwürfe.

Am besten spielt die Rolle des Richters jemand, der sich selbst gut unter Kontrolle hat und nicht ständig lachen muss. Obwohl die Rolle des Richters nicht anklagend sein soll, helfen gut eingesetzte Fragetechniken der vorgeladenen Personen rollenkonform zu antworten.

Außerdem gibt der Richter eine bestimmte Behauptung zu Beginn der meisten Befragungen vor.

So können die Zeugen auf die Behauptung aufbauend, in der Regel schnell ins Spiel einsteigen und originell reagieren.

Je nach Zahl der Mitspieler können sehr viele Rollen vergeben werden. Spielen weniger Personen als angebotener Rollen mit, lassen sich einige Rollen in einer Person koppeln oder werden ganz aus dem Spiel weggelassen.

Die ‚Anklage‘ kann beliebig ausgewechselt werden, um das Spiel in neuer Besetzung erneut zu spielen.

Da die Mitspielenden, also die Zeugen, anfangs weder ihre ihnen zugedachte Rolle kennen, noch die Vorwürfe, die in der Gerichtsverhandlung gemacht werden, sind die Mitspieler aufmerksam und ‚voll bei der Sache‘.

Abgesehen davon kann es auch geschehen, dass der Richter einen Zeugen mehrmals zur Befragung bittet. Neben dem Richter gibt es unten aufgelistete Mitspieler.

Der Richter spricht die Zeugen mit ihrem richtigen Namen an. Die Nummerierung entspricht der Reihenfolge, in der die Zeugen aufgerufen werden.

Die Vorgeladenen/Zeugen

1	Angeklagter	38 Jahre alt. Wohnt in Neustadt in der Bahnhofstraße 12. Dem Angeklagten wird vorgeworfen, am Freitag, dem 11. April gegen 21:30 Uhr das Garagentor der Klägerin mit rosa Wandfarbe beschmiert zu haben mit: „Du altes Schwein".
2	Klägerin	50 Jahre alt. wohnt in Neustadt in der Bahnhofstraße 11. Die Klägerin findet in der Schmiererei das Wort „alt" als böse Beleidigung. Hiergegen klagt sie.
3	Altersforscher/in	Zeuge trägt einen Doktor-Titel. Es wird gefragt: „Ist 50 Jahre schon alt?" Und „ab wann ist alt alt?"
		Hinweis für den Richter: Wie auch im folgenden Verhalten gilt: Die Aussagen der Experten nicht bezweifeln, sondern als Tatsachen nehmen. Daten aufschreiben, sodass sie gegebenen falls später an andere Stelle verwendet werden können.
4	Zoologe/Zoologin	Zeuge trägt einen Professor-Titel und ist Leiter/in eines großstädtischen Zoos. Es wird geklärt: „Wie lange lebt ein Hausschwein?" Und „Ist es richtig, dass ein Schwein 12-15 Jahre alt wird?"
		Hinweis für den Richter: Demnach kann es kein 50-jähriges Schwein geben?
5	Biologe/Biologin	Wird gefragt: „Ein männliches Schwein heißt Schwein, richtig?" Und „wie heißt ein weibliches Schwein?"

		Hinweis für den Richter: Auf dem Garagentor stand „Schwein". Die Klägerin ist aber weiblich. Vielleicht bezieht sich die Schmiererei gar nicht auf die Klägerin?
6	Nachbar/in	Wohnt in der Bahnhofstraße 13, also direkt neben der Klägerin. Er hatte bereits zu Protokoll gegeben, dass er letzten Sommer hörte, wie die Nachbarin vor der Terrassentür gesagt haben soll: Ich schwitze wie ein Schwein." Hinweis für den Richter: Kam es öfter vor, dass sich die Klägerin als „Schwein" bezeichnete?
7	Vertreter/in Umweltschutz	Zeuge ist der Meinung, dass der Einsatz der Rosawandfarbe umweltschädlich ist. Nicht nur für die dort wohnende Klägerin, sondern für alle Spaziergänger und für die Tier- und Pflanzenwelt in unmittelbarer Nähe. Hält sich eine Nebenklage vor, je nachdem wie sich der Angeklagte in der Verhandlung verhält. Hinweis für den Richter: Dieser Zeuge sollte später zur Befragung noch einmal aufgerufen werden, damit er die Möglichkeit hat, eine Nebenklage zu äußern.
8	Vertreter/in Antidiskriminierung	Zeuge vertritt die Auffassung, dass durch die Schmierereien am Garagentor Tiere beleidigt würden. Denn: Schweine sind Lebewesen! Hinweis für den Richter: Hinweis auf mögliche Nebenklage. Tiere (demnach auch Schweine) sind etwas Wertvolles – also ist die Nennung eines Tieres möglicherweise keine Beleidigung?
9	Psychiater/in des Angeklagten	Zeuge hat vorab bekundet: „Der Angeklagte hat eine Schweine-Phobie." Hinweis für den Richter: Liegt ein Krankheitsbild vor?
10	Kassierer/in Supermarkt	Supermarkt in der Bahnhofstraße. Er/sie hat vorab bekundet: „Wenn der Angeklagte Süßigkeiten namens ‚Schweinchen' im Supermarkt kaufe, würde er beim Scannen an der Kasse immer zischen: ‚Ich fresse euch alle auf!'"

		Hinweis für den Richter: Fragen, wie oft in der Woche der Angeklagte diese ‚Schweinchen' kauft. Und „Kommt Ihnen das nicht komisch vor?"
11	Nachbar	Wohnt in der Bahnhofstraße 14, also direkt neben dem Angeklagten. Er hat den Angeklagten zu Karneval in einem Schweinekostüm verkleidet, auf allen Vieren kriechend und laut grunzend durch die Straße gehen sehen.
		Hinweis für den Richter: War die Sache einmalig? War der Angeklagte allein? War ernüchternd?
12	Kundin Supermarkt	Die Kundin kauft im Supermarkt in der Bahnhofstraße. Sie hat den Angeklagten dort mehrfach beobachtet. Sie hat Angst, dass der Angeklagte ihrem Kind etwas antut. Sie behauptet, ein furchteinflößendes ‚Grummeln' des Angeklagten gehört zu haben.
		Hinweis für den Richter: Eventuell das Geräusch beschreiben oder vormachen lassen.
13	Seelsorger	Zeuge wird gefragt, ob Schweine in den Himmel kommen beziehungsweise ob es einen Schweinehimmel gibt.
		Hinweis für den Richter: Hier haben Sie die Möglichkeit, ein Schwein als etwas Besonderes oder Liebenswertes darstellen zu lassen.
14	Inhaber/in Wellness-Tempel ‚Jugend-Quelle'	Die Klägerin ist fast täglich zu Gast in dem Wellness-Tempel. Sie bezahlt einen Monatsbeitrag von ca. 350 €.
		Hinweis für den Richter: Hier gibt es die Möglichkeit zu zeigen, wie wichtig es der Klägerin erscheint, ‚jung' zu wirken. Denn sie klagt wegen der Beleidigung ‚alt'. Die Schmiereien selbst scheinen weniger wichtig zu sein.
15	Autohändler	Der Angeklagte hat sich im Vorjahr ein italienisches Sondermodell mit rosa Spezialfarbe namens Piggi gekauft. „Wie oft wurde bisher solch ein Sondermodell gekauft?" Und „Welche weiteren Sonderausstattungen bietet dieses Modell?" Und „Wie verhielt sich der Angeklagte beim Autokauf?"
		Hinweis für den Richter: Ist solch ein Kaufwunsch ‚normal' oder ‚besonders'?

Bahnhofstraße 12
Angeklagter (1)

Bahnhofstraße 14
Nachbar
(Zeuge 11)

Bahnhofstraße
Supermarkt
(Zeuge 10)

Bahnhofstraße 11
Klägerin (2)

Bahnhofstraße 13
Nachbar/in
(Zeuge 6)

Liebe Leserin, lieber Leser, selbstverständlich steht es Ihnen frei, den einen oder anderen Zeugen auszutauschen.

Schaffen Sie eine passende Spielsituation. Zum Beispiel einen Tisch, an dem der Richter sitzt, vor dem ein Stuhl steht, auf dem der Zeuge jeweils befragt wird.

Sollten Sie beim ersten Umsetzen dieses Spiels die Rolle der Richterin beziehungsweise des Richters übernehmen, überlegen Sie sehr gut, welchem Mitspieler Sie welche Rolle übergeben wollen.

Durch eine gut überlegte Wahl, werden Sie der Gerichtsverhandlung ein lustiges Niveau geben können. Es wird empfohlen, dass Sie sich vorab für jeden Zeugen eine Einstiegsfrage überlegen und die eine oder andere Reservefrage bereithalten. Geben Sie Ihrem Zeugen trotz des Vorwurfs die Möglichkeit, dass er frei antworten kann. Also nicht nur Ja- oder nein-Fragen.

So könnte zu Beginn der Vernehmung der Angeklagte wie folgt befragt werden:

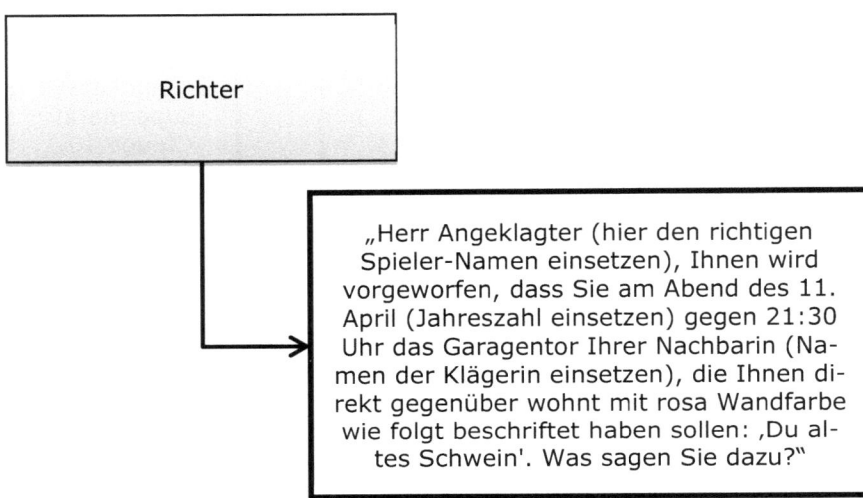

Richter

„Herr Angeklagter (hier den richtigen Spieler-Namen einsetzen), Ihnen wird vorgeworfen, dass Sie am Abend des 11. April (Jahreszahl einsetzen) gegen 21:30 Uhr das Garagentor Ihrer Nachbarin (Namen der Klägerin einsetzen), die Ihnen direkt gegenüber wohnt mit rosa Wandfarbe wie folgt beschriftet haben sollen: ,Du altes Schwein'. Was sagen Sie dazu?"

In den meisten Fällen wird der Spieler, der die Rolle des Angeklagten übernimmt, nun eine bestätigende Erklärung geben. Falls er die ihm vorgeworfene Tat leugnet, spielt das im Augenblick keine weitere Rolle. Sie rufen als Richter ja noch weitere Zeugen auf, die die Tat bestätigen.

Nachdem Zeuge Nummer 15 befragt wurde, sollte der Angeklagte noch einmal in einen Austausch mit dem Richter treten.

Er hat jetzt die Möglichkeit sich reumütig zu zeigen, sich auf eine psychische Krankheit zu berufen, alles zu leugnen oder eine andere abschließende Aussage zu tätigen.

Danach sollte die Klägerin erneut die Möglichkeit haben, sich zu äußern. Vielleicht sieht sie von einer Klage ab, vielleicht will sie das Strafmaß aber deutlich erhöht sehen.

Sie können andere Mitspieler als Jury einberufen und das Urteil verkünden lassen.

Fazit

Durch ein Spiel dieser Art sollte es Ihnen nun gelungen sein, in jeder denkbaren Situation spontan und schlagfertig zu reagieren, aus dem Stegreif zu reden, selbstbewusst und sicher zu wirken, um einen ebensolchen sicheren Abgang zu gewährleisten.

Wir wünschen Ihnen jedenfalls den besten Erfolg in allen Konstellationen, die in unsere besprochenen Bereiche fallen. Alles Gute!

Stichwortverzeichnis

Knigge als Synonym und als Namensgeber

Umgang mit Menschen

Suche weniger selbst zu glänzen, als andern Gelegenheit zu geben,
sich von vorteilhaften Seiten zu zeigen, wenn Du gelobt werden und gefallen willst
Adolph Freiherr Knigge, aus dem Buch „Über den Umgang mit Menschen", 1788
(1752 - 1796)

Adolph Freiherr Knigge

Schon zu seinen Lebzeiten war Adolph Freiherr Knigge (1752 – 1796) umstritten. Knigge setzte sich durch sein energisches Eintreten für die Ziele der Aufklärung, so wie er sie verstand, scharfen Angriffen aus. Er arbeitete als Romanschriftsteller und Satiriker, sowie als politischer Schriftsteller. Er gehörte den Freimaurern an. Heute ist Knigge vor allem seines Buches wegen ‚Über den Umgang mit Menschen' (1788) bekannt. Und zwar deswegen, weil sein Werk als Etikette-Buch angesehen wird.

Das große Missverständnis

Knigge verdankt seinen heutigen Ruf und Erfolg aber einem Missverständnis. Denn: Das Werk Adolph Freiherr Knigges gilt als Etikette-Buch ersten Rangs. Allerdings beschreibt Knigge keine Regeln wie mit Besteck umzugehen ist, oder das Verhalten bei Tisch, stattdessen offenbart er eine praktische Lebensphilosophie im Umgang mit Mitmenschen. Er gibt Anleitungen und Anregungen, wie mit seinen Mitmenschen richtig umzugehen ist. Knigge hoffte damit, dass die Menschen glücklich und froh miteinander leben könnten. Sein Buch erschien 1788 und war schon kurze Zeit in fast allen Haushalten zu finden. Über 200

Jahre lang prägte sich sein Buch im Bewusstsein der Leser a s prakti-sches Handbuch über gutes Benehmen ein.

Über den Umgang mit Menschen

In drei Teilen seines Buches schrieb Knigge über den Umgang mit ver-schiedenen Menschengruppen, zum Beispiel:

- Über den Umgang mit Leuten von verschiedenen Gemütsarten, Temperamenten und Stimmungen des Geistes und des Herzens (Erster Teil, 3. Kapitel)

- Über den Umgang mit Frauenzimmern (Zweiter Teil, 5. Kapitel)

- Über die Verhältnisse zwischen Herrn und Dienern (Zweiter Teil, 7. Kapitel)

- Über das Verhältnis zwischen Wohltätern und denen, welche Wohl-taten empfangen; wie auch unter Lehrern und Schülern, Gläubi-gern und Schuldnern (Zweiter Teil, 10. Kapitel)

- Über den Umgang mit den Großen der Erde, mit Fürsten, Vorneh-men und Reichen (Dritter Teil, 1. Kapitel)

- Über die Art, mit Tieren umzugehen (Dritter Teil, 9. Kapitel)

Knigge heute als Synonym für Umgangsformen

Obwohl es heute klar ist, dass Knigge anderes verfolgte, als wir unter seinem Namen verstehen, soll ‚Knigge' als Synonym für den Bereich stehen, dem sich das vorliegende Buch widmet.

12 Ratgeber in der kleinen Knigge-Reihe

Der kleine ... -Knigge [2100] (Je € 9,70; 88 Seiten, 12x19 cm, kartoniert)

Anstands- und Banausen-Knigge [2100]
Business- und Kundten-Knigge [2100]
Büro- und Kollegen-Knigge [2100]
Gäste- und Gastgeber-Knigge [2100]
Gesellschafts- und Freunde-Knigge [2100]
Outfit- und Stil-Knigge [2100]

Interkulturelle- und Auslands-Knigge [2100]
Bewerbungs- und Vorstellungs-Knigge [2100]
Event- und Feste-Knigge [2100]
Gastro- und Tischsitten-Knigge [2100]
Speisen- und Exoten-Knigge [2100]
Trinkkultur- und Getränke-Knigge [2100]

12 x kleines Handbuch der Rhetorik 2100

Der kleine Handbuch der Rhetorik [2100] (Je € 9,70; 100 Seiten, 12x19 cm)

Erfolgreich reden „Die Kunst, flott vorzutragen"
Körpersprache einsetzen „Mit Händen und Füßen sprechen"
Gezielt trainieren „Ich will endlich erfolgreich präsentieren!"
Nervosität austricksen „Mir zittern die Knie"
Begeistert überzeugen „Das rhetorische Feuer entfachen"
Unterschwellig manipulieren „Ich kriege dich schon!"

Wahrnehmung verzerren „Ich glaub' nur, was ich sehe."
Einwände entkräften „Das ist doch gar nicht machbar! – Oder doch?"
Gespräche führen „Zielorientierte und zeitsparende Gesprächslenkung"
Meetings leiten „Besprechungen erfolgreich führen"
Geschicktes Nudging „Das versteckte Anschubsen"
Interviews führen „Darf ich Sie mal fragen?"

4 Ratgeber in der Ego-Management-Reihe

Persönlichkeits-Management – Ego-Knigge 2100 Soft Skills, Selbst-Reflexion und Selbst-Bewusstsein
Stress-Management – Ego-Knigge 2100 Lampenfieber, Stressoren, Gerüchte, Mobbing, Burnout, Stressvermeidung
Zeit-Management– Ego-Knigge 2100 Umgang mit der Zeit, Organisation von Arbeitsabläufen, Perfektionismus, Zielsetzung
Gedächtnis-Management – Ego-Knigge 2100 Gehirn, Intelligenz, Schwachsinn – Hochbegabung, Gedächtnis, Lerntechniken.
Jeder Ratgeber € 14,90, 104 Seiten, A5, kartoniert

4 Ratgeber der Reihe Lebenseinstellung

Aberglauben-Knigge 2100 Von schwarzen Katzen, der linken Hand des Teufels und den Glücksbringern
Lügen- und Egoismus-Knigge 2100 Überleben durch Flunkern, Schummeln und Täuschen! Macht, Respekt, Wertschätzung? Lebenslüge und Lebensschutz
Glücks-Knigge 2100 Vom Glücklichsein, positiven Denken und von Freundschaften

Angst- und Optimismus-Knigge 2100 Die Furcht beherrschen, Ängste nutzen und positiv durchs Leben gehen.
Jeder Ratgeber € 12,95, 160 Seiten, A5, kartoniert

3 Ratgeber Bräutigam, Braut und Brautpaar

Bräutigam-Knigge 2100 Verlobung und Polterabend, Schwiegereltern und das Ja-Wort, Hochzeits-Outfit und Hochzeits-Kutsche
Braut-Knigge 2100 Brautkleid und Accessoires, Das große Hochzeitsfest, Höhepunkte und Hochzeitstanz
Brautpaar-Knigge 2100 Historisches und Sonderbares, Planung und Organisation, Aberglaube und Hochzeitsbräuche.
Jeder Ratgeber € 15,90, 104 Seiten, A5, kartoniert

2 Ratgeber Selbst-Coaching

Selbstbewusstsein Knigge 2100 Ich bin, ich kann, ich will. Das eigene Leben bestimmen, Soft Skills, The Winner 1.
Selbstwertgefühl Knigge 2100 Steh auf! Werde aktiv! Zeige Profil! Das eigene Leben beeinflussen, Motivation, The Winner 2.
Selbstoptimierung Knigge 2100 Optimistischer, attraktiver, authentischer. Das eigene Leben gestalten, Ansprüche, The Winner 3.
Jeder Ratgeber € 12,95, 120 Seiten, A5, kartoniert

Leben und Lifestyle

Das kleine Knigge-Quiz ^{2100} € 9,70; 96 Seiten, 12x19 cm, kartoniert

Jugend-Knigge ^{2100} Knigge für junge Leute und Berufseinsteiger, € 15,90; 152 Seiten

Zukunfts-Knigge ^{2100} Verfall der Sitten und Verlust der Wertschätzung? Umgangsformen in 100 Jahren. Zusammenleben mit Menschen, Maschinen und menschenähnlichen Robotern, € 14,95; 172 Seiten A5 kartoniert

Wertschätzung-Knigge ^{2100} Gleichberechtigung, Gender und Respekt, Sexuelle Orientierung, Umgang bei Diskriminierung und Mobbing, € 14,95; 152 Seiten A5

Hochzeits-Knigge ^{2100} Hochzeitsbräuche, Geschenke, Brautjungfer, Trauung, Festgäste und Festmahl, € 29,95; 310 Seiten A5

Ü65- und Senioren-Knigge ^{2100} Die junge Alten und die alten Jungen, Kommunikation und Verständnis zwischen den Generationen, Einsamkeit und technischer Fortschritt, € 19,95; 180 Seiten A5

Blumen-Knigge ^{2100} Historisches, Mystisches, Festliches, Blumen-Sprache, Umgang mit Blumen-Präsenten, € 19,95; 144 Seiten A5

Bekleidung! Ausdruck der Persönlichkeit – Lukas` Outfit-Knigge ^{2100}, € 19,95; 196 Seiten A5

Nudel-Knigge ^{2100} Himmlische Teigwaren, € 17,95; 140 Seiten A5

Der Interkulturelle Kompetenz-Knigge ^{2100} Kultur, Kompetenz, Eindrücke – Gesten, Rituale, Zeitempfinden – Berichte, Tipps, Erlebnisse, € 29,95; 240 Seiten A5

China-Deutschland-Knigge ^{2100} Chinesen in Deutschland, € 12,90; 104 Seiten A5

Dschungel-Knigge ^{2100} Umgang in ungewohnter Umgebung, € 23,95; 192 Seiten A5

Der Dicke-Knigge ^{2100} Aus dem prallen Leben des Dicken, € 15,90; 104 Seiten A5

Typisch Frau – Typisch Mann Knigge ^{2100} Unterschiede und Gemeinsamkeiten im Umgang mit dem anderen Geschlecht, € 12,95; 128 Seiten A5

Kulinarischer und Gastronomischer Knigge ^{2100} Von Events, Feiern, Aperitif über Esskultur, Speisen und Getränken zu zeitgemäßen Tischsitten, € 26,50; 284 Seiten A5

Klo- und Pinkel-Knigge ^{2100} Vom privaten und öffentlichen Bedürfnis - Umgangsformen im Tabu-Bereich, € 13,50; 104 Seiten A5

Omi hüpf` mal Märchen meiner Großmutter, Erlebnisse ihre Jugend und wahre Geschichten meines Vaters von und über Omi Rickchen, Hardcover, € 29,95; 312 Seiten

Der Hunde-Knigge ^{2100} Umgang mit dem Hund – Hundesprache – Der Hund in der Gesellschaft, € 17,95; 180 Seiten A5

Welcome to Germany-Knigge ^{2100} Umgangsformen, Verhaltensmuster und gesellschaftliches Miteinander im deutschsprachigen Europa, € 11,99; 108 Seiten A5

Besuch willkommen Knigge ^{2100} Einladung, Gast, Geschenk, Empfang, Feier, Gastfreundschaft, € 14,95; 200 Seiten A5

Mensch, Macht, Mörder ^{2100} Verfall der Umgangsformen?, € 14,90; 260 Seiten A5

Leben, Tod und Ansichten Austausch mit Berühmtheiten über Wichtiges und Unwichtiges im Leben, € 12,95; 116 Seiten A5

Leben, Tod und Überlegungen Austausch mit Berühmtheiten über Größe, Ewigkeit und Spaß im Leben, € 12,95; 116 Seiten A5

Tod, Trauer, Totenkult-Knigge ^{2100} Sterben, Trost, Takt, Bestatten, Tradition, Vorsorge, Tabus, Vergänglichkeit und Sonderbares, € 17,95; 212 Seiten A5

Corona-Knigge 2100 Umgang mit dem Virus, € 9,70; 88 Seiten 12x19, kartoniert

Leben und Lifestyle

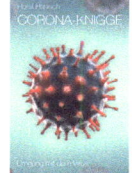

Rhetorik, Soft Skills, Hochschule, Beruf

Rhetorik ist Silber Von den ersten Schritten zu einer perfekten Präsentation, € 17,90; 144 Seiten A5, kartoniert, Zeichnungen

Moderation ist Gold Gesprächsführung, Umfragen, Talkrunden und Manipulation, € 17,90; 144 Seiten A5, kartoniert, Zeichnungen

Lebhafte Körpersprache in Vorträgen, Präsentationen, Gesprächen, € 17,90; 144 Seiten A5, kartoniert, ca. 290 Zeichnungen

Rhetoric – Mastering the Art of Persuasion, € 22,90; 144 Seiten A5, kartoniert

Discussion – Mastering the Skills of Moderation, € 22,90; 144 Seiten A5, kartoniert, Zeichnungen

Body Language in Europe, € 22,90; 144 Seiten A5, kartoniert, ca. 290 Zeichnungen

Körpersprache – Lüge, Verrat, Macht, Im Beruf, vor Gericht, beim Flirt – Gewinnerpose und Demutshaltung – Drohung und Zuneigung; € 29,95; 364 Seiten A5, kartoniert, über 400 Zeichnungen

Das große Buch der Rhetorik [2100] Tacheles reden; Präsentieren; manipulieren und überzeugen, € 37,45; 332 Seiten A5, kartoniert, viele Darstellungen

Trickreiche Rhetorik [2100] Psychologische Gesprächsführung, manipulierende Darstellung, unaufdringliches Nudging, € 37,45: 300 Seiten A5, kartoniert, Zeichnungen

Soft Skills-Knigge [2100] Soziale, Persönlichkeit, Selbstmanagement, € 37,45; 324 Seiten A5, kartoniert, viele Darstellungen

Schlagfertigkeit-, Spontaneität-, Stegreif-Knigge [2100] Impulsiv handeln, verbale Angriffe kontern, Störungen entwaffnen, € 13,50; 104 Seiten A5

Pitch Skills und Überzeugungs-Knigge [2100] Elevator Pitch, Geldgeber beeindrucken, Feuer versprühen, € 13,50; 128 Seiten A5, kartoniert

Smalltalk-Knigge [2100] Vom kleinen Gespräch bis zum charmanten Flirt - Kontakt ausbauen, Sympathie zeigen, Begehrlichkeit wecken, € 13,50; 100 Seiten A5

Quassel-Knigge [2100] Quasseln, Quatschen, Quengeln oder Lebenswichtige Kommunikation – Gezielt eingesetzte Rhetorik – Aussagekräftiges Profil zeigen, € 13,50; 112 Seiten A5

Hochschul-Knigge [2100] Studentischer Umgang in und außerhalb der Hochschule am Beispiel der Cologne Business School, 132 Seiten A5, kartoniert, Fotos

Jugend-Karriere-Knigge [2100] Schule und Studium, Netzwerk und Klüngel, Erfolg und Risiken, € 19,95; 224 Seiten A5, kartoniert, Zeichnungen, Checklisten

Bewerbungs-Knigge [2100] **für Frauen – Tina bewirbt sich / Bewerbungs-Knigge** [2100] **für Männer – Tom bewirbt sich**, Vorbereitung, Wahl der Kleidung, Verhalten beim Bewerbungsgespräch, je € 19,70; 128 Seiten A5, kartoniert, Fotos, Checklisten

Kreativitäts-Knigge [2100], Visionärhaft denken, Scheuklappen sprengen, Mentales Risiko eingehen, € 14,95; 164 Seiten A5, kartoniert

Team und Typ-Knigge [2100], Ich und Wir, Typen und Charaktere, Team-Entwicklung, € 14,95; 128 Seiten A5, kartoniert, viele Darstellungen

Die flotte Generation Y im 21. Jahrhundert, selbstbewusst – lebensbetonend – flexibel. Wie mit der Generation Y zielorientiert und erfolgreich gearbeitet werden kann, € 12,95; 116 Seiten A5, kartoniert, Zeichnungen

Die flotte Generation Z im 21. Jahrhundert, entscheidungsfreudig – effizient – eigenverantwortlich. Wie mit der Generation Z zielorientiert und erfolgreich gearbeitet werden kann, € 12,95; 140 Seiten A5, kartoniert, Zeichnungen

Telemeeting [2100], Digitale Konferenz, Online-Unterricht, Homeoffice, € 12,95; 104 Seiten A5, kartoniert

Rhetorik, Soft Skills, Hochschule, Beruf

Englisch:

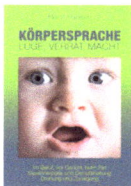   

  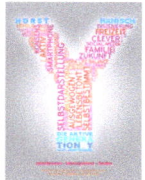  

Beratung, Coaching, Seminar

Wer hat nicht gerne mit Menschen zu tun, die selbstbewusst und selbstsicher mit anderen Menschen umgehen?

Geschäftspartnern, die die elementaren Regeln des ‚Benimms' beherrschen, stehen die Türen zum Erfolg offen.

Unternehmen, die neben ihrer fachlichen Leistung auch ‚menschlich' überzeugen wollen, bieten wir für ihre Mitarbeiterinnen und Mitarbeiter aktives Training im Umgang mit Kunden, Gästen, Kollegen und Gesprächspartnern an.

Auf unserer Website informieren wir Sie über unsere Angebote:

- Firmen-Internes-Training
→ Business-Etikette und das Lehrmenü
→ Präsentieren, Moderieren, Kommunizieren
→ Körpersprache und ihre Geheimnisse
- Offen ausgeschriebene Seminare
→ Teuflische Rhetorik
→ Flottes Reden vor und zu anderen

→ Der erste Eindruck
→ Ladies Power
- Individuelles Einzelcoaching
→ Authentisches Auftreten
→ Dress for Success
→ Verhandlungstechniken
→ Persönlichkeit
- Interkulturelles Training
- Freundlichkeits-Checks in Unternehmen

- Workshops
→ Soft Skills
→ Team-Training
- Intensiv-Training für
→ TV-Auftritte
→ Vorträge
→ Präsentationen
→ Reden
- Fachliteratur und Arbeitsunterlagen
- Vorträge/Speaker
→ Vor kleinem und vor großem Publikum

Individuelles Coaching für Einzelpersonen: Und, wer es ganz individuell mag, greift zurück auf ein Einzel-Coaching, auch als Online-Coaching. Hier werden ganz persönliche Herausforderungen angegangen, mit Themen wie:

- Interkulturelle Kompetenz
- Selbstsicheres Auftreten
- Präsentations-Techniken
- Erfolgreiche Verhandlungsführung

- Der Erste Eindruck
- Bewerbungstraining
- Rhetorik und Überzeugungskraft

und andere Themen – direkt auf die besonderen Bedürfnisse des Einzelnen zugeschnitten.
Besuchen Sie uns auf www.knigge-seminare.de